工程制图习题集（第2版）

主　编　　冯　芳　　陈天星

西南交通大学出版社
·成都·

图书在版编目（C I P）数据

工程制图 ：含习题集. 2 / 冯芳，陈天星主编. --
2 版. -- 成都 ：西南交通大学出版社，2024.6
ISBN 978-7-5643-9843-9

Ⅰ. ①工… Ⅱ. ①冯… ②陈… Ⅲ. ①工程制图－高
等学校－习题集 Ⅳ. ①TB23-44

中国国家版本馆 CIP 数据核字（2024）第 107334 号

目　录

1. 长仿宋体

西南交通大学希望学院机械制图轨

道交通学院比例尺寸点线面立体球

组合体挖切叠加轴测图视图表达法

剖视断面标准件常用件螺纹齿轮键

认真主动高效负责协同大气乐观恒

2. 字母和数字

ABCDEFGHIJKLMNOPQRSTUVWXYZ

abcdefghijklmnopqrstuvwxyz

0123456789

第一次制图作业指导——基本练习

一、作业目的

1. 熟悉有关图幅、图线、字体、尺寸标注、标题栏等国家标准。
2. 熟悉平面图形的尺寸分析过程，掌握圆弧连接的作图原理与方法。
3. 通过作图练习，初步掌握绘图工具和仪器的使用方法，培养手工绘图的基本技能。

二、作业要求

1. 绘图中要严格遵守国家标准中有关线型、文字、尺寸等规定。
2. 图面布局应匀称、整洁，作图应精确。

三、作业内容

1. 图名：基本练习。
2. 图幅：A3图纸。
3. 图号：01-00。
4. 比例：1∶1。
5. 作业分两部分：第一部分线型练习置于图幅左侧，只绘制线型不标注尺寸；第二部分平面图形(可由老师指定其中的一个平面图形)置于图幅右侧，需标注尺寸。

四、绘图步骤及注意事项

1. 绘图前应对所画图形仔细分析研究，确定正确的作图步骤。
2. 先画图框的底稿线，在右下角靠齐图框线画标题栏，其规格参见教科书。
3. 根据给定的尺寸确定每一个图的位置，画基准线、定位线，还要注意应留出标注尺寸的位置。
4. 底稿要画得轻、细、准。对于圆弧连接部分，应先画已知线段，再画中间线段，后画连接线段。在底稿上要准确标注出切点和圆心的位置，供描深时用。
5. 底稿画完并经检查无误后，再描深图线，先描圆弧，后描直线，注意圆规的铅芯应比画直线的铅芯软一号。
6. 再标注尺寸，最后填写标题栏。名称用10号字写；标题栏中其他字体为5号字。

(1) 线型

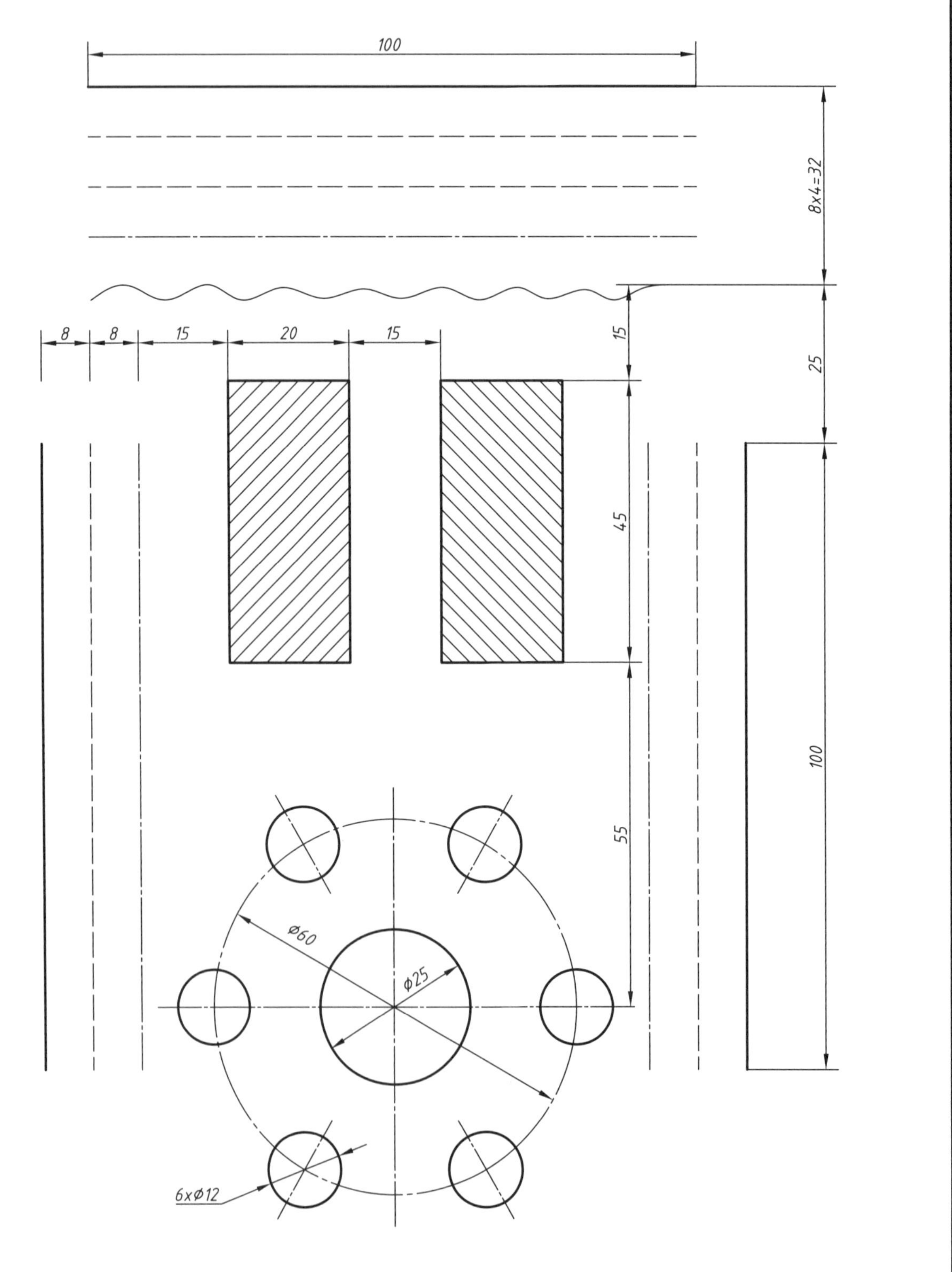

（2）

（3）

1:4
φ16
32
φ24
φ48
R8
105
12
1:4
R80
R32
R8
8
12
48
108
φ22
C2
30
R3
φ30
R38
R55
85
R4
R20
φ40
R40
12
9
R42

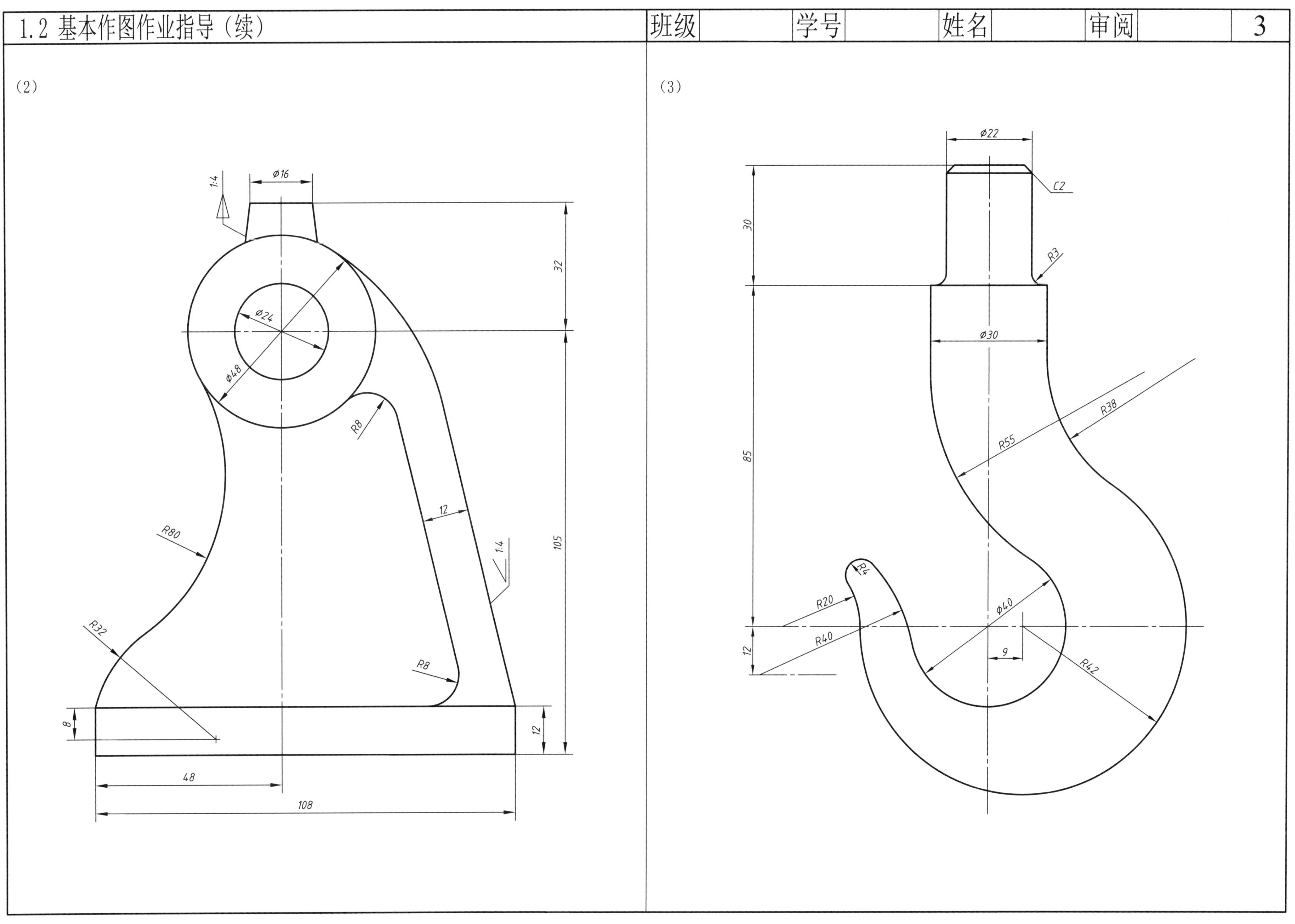

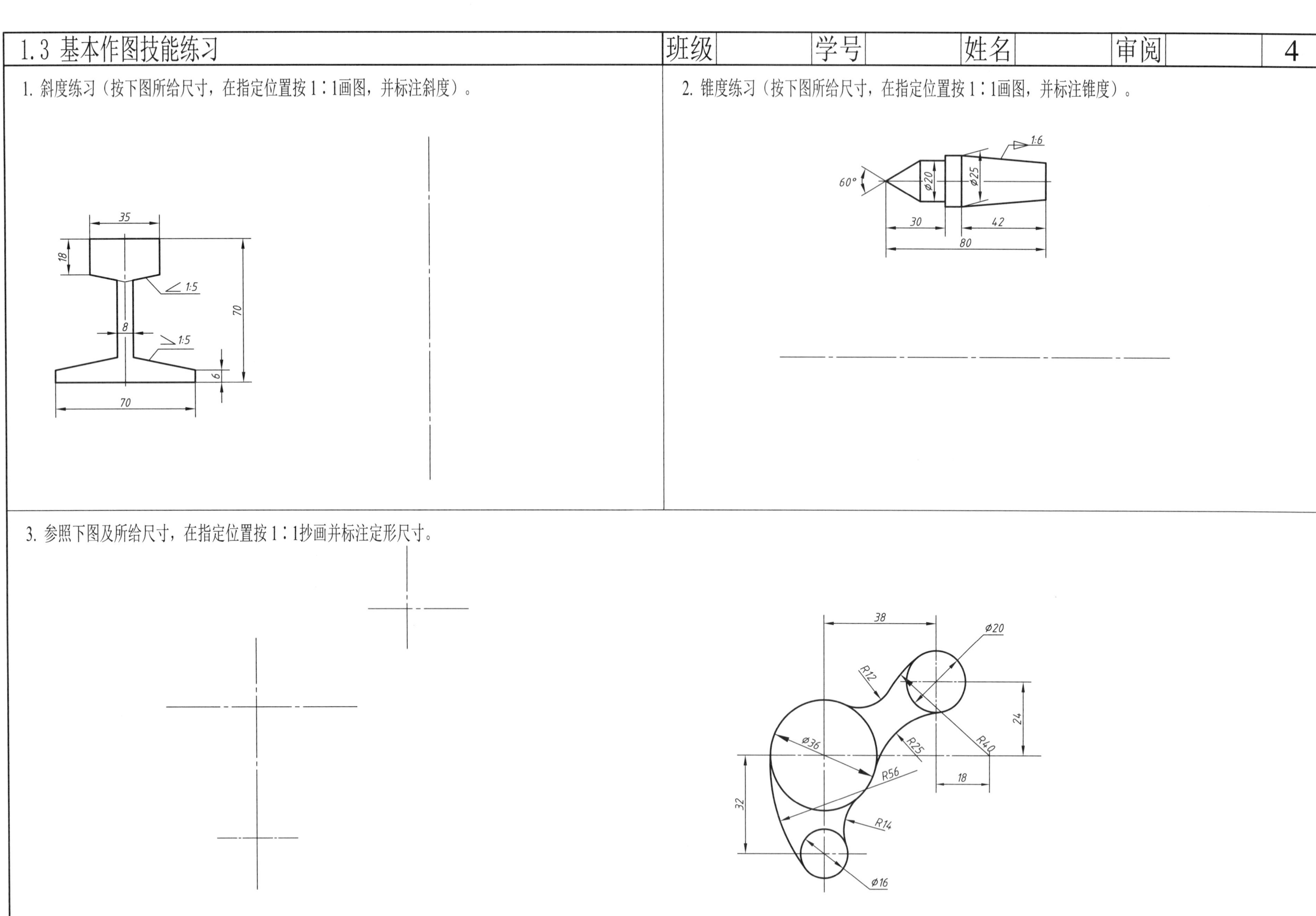
1.3 基本作图技能练习
班级
学号
姓名
审阅
4
1. 斜度练习（按下图所给尺寸，在指定位置按1∶1画图，并标注斜度）。
35
18
1:5
70
8
1:5
6
70
2. 锥度练习（按下图所给尺寸，在指定位置按1∶1画图，并标注锥度）。
1:6
60°
ϕ20
ϕ25
30
42
80
3. 参照下图及所给尺寸，在指定位置按1∶1抄画并标注定形尺寸。
38
ϕ20
R12
24
ϕ36
R25
R40
R56
18
32
R14
ϕ16

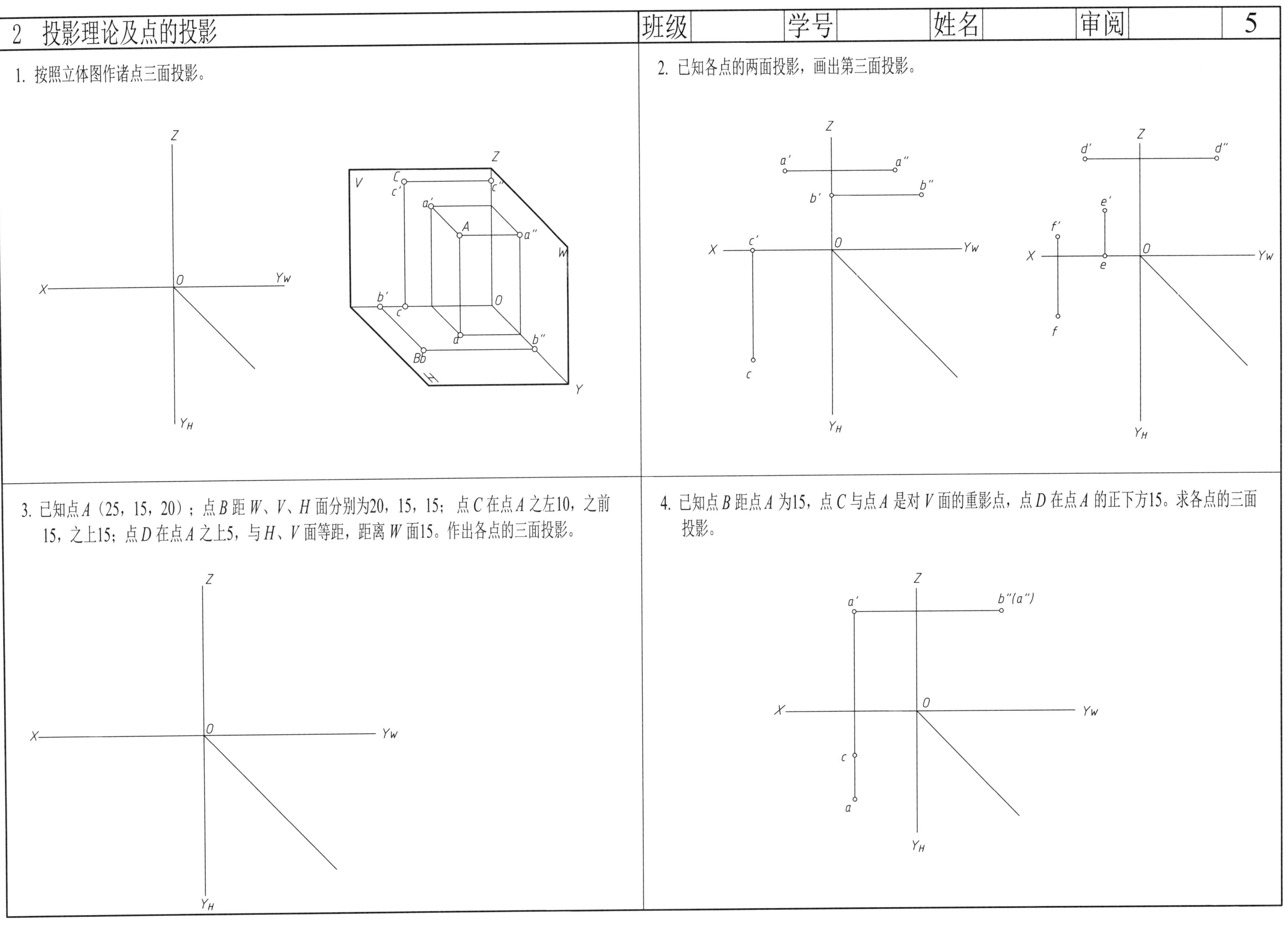

1. 按照立体图作诸点三面投影。

2. 已知各点的两面投影，画出第三面投影。

3. 已知点 *A*（25，15，20）；点 *B* 距 *W*、*V*、*H* 面分别为20，15，15；点 *C* 在点 *A* 之左10，之前15，之上15；点 *D* 在点 *A* 之上5，与 *H*、*V* 面等距，距离 *W* 面15。作出各点的三面投影。

4. 已知点 *B* 距点 *A* 为15，点 *C* 与点 *A* 是对 *V* 面的重影点，点 *D* 在点 *A* 的正下方15。求各点的三面投影。

1. 作出下列各线段的第三投影，并回答它们相对投影面的位置。

（1）

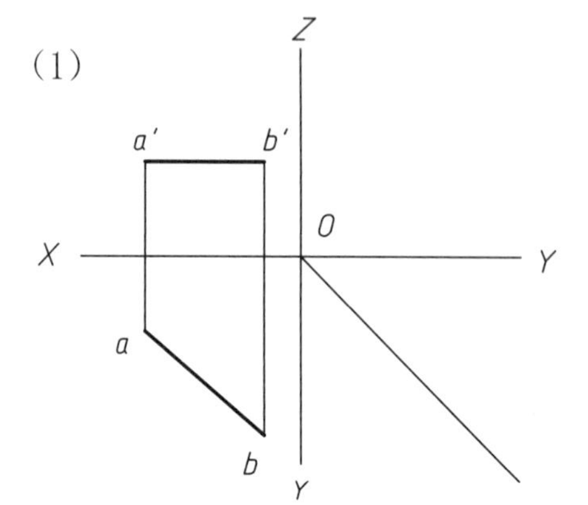

AB是 ______ 线。

（2）

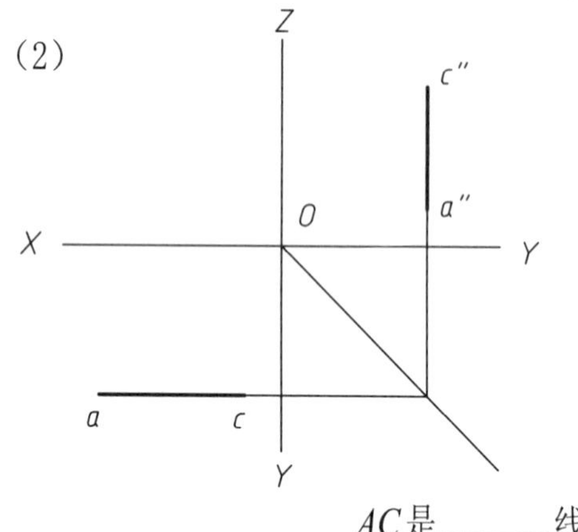

AC是 ______ 线。

（3）

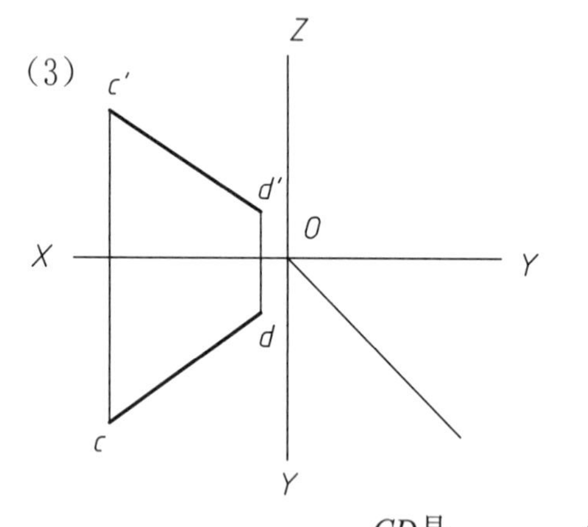

CD是 ______ 线。

（4）

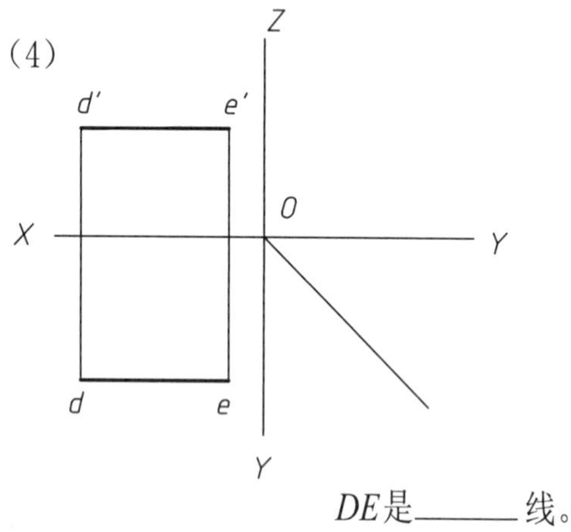

DE是 ______ 线。

（5）

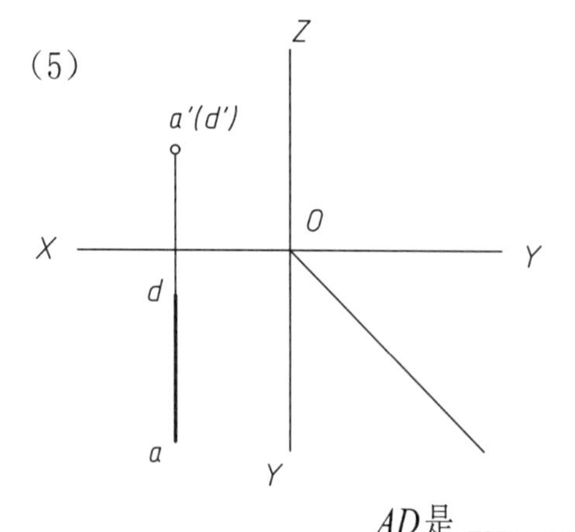

AD是 ______ 线。

（6）

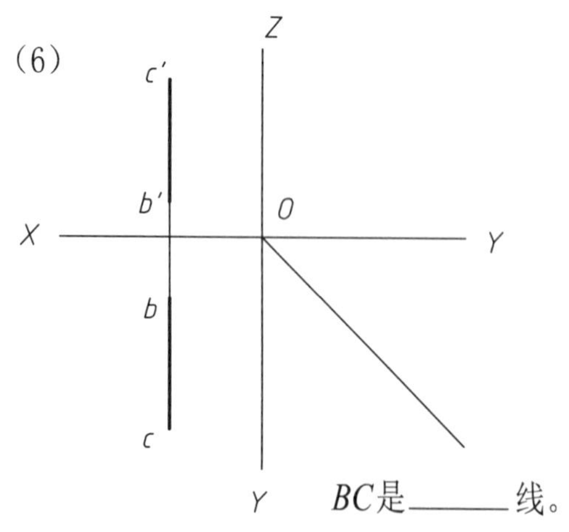

BC是 ______ 线。

2. 已知三角架的两个投影，试判断S_1S_2、S_2A、S_2B各为何种位置直线，并作出它们的侧面投影。

S_1S_2是 ______ 线。

S_2A是 ______ 线。

S_2B是 ______ 线。

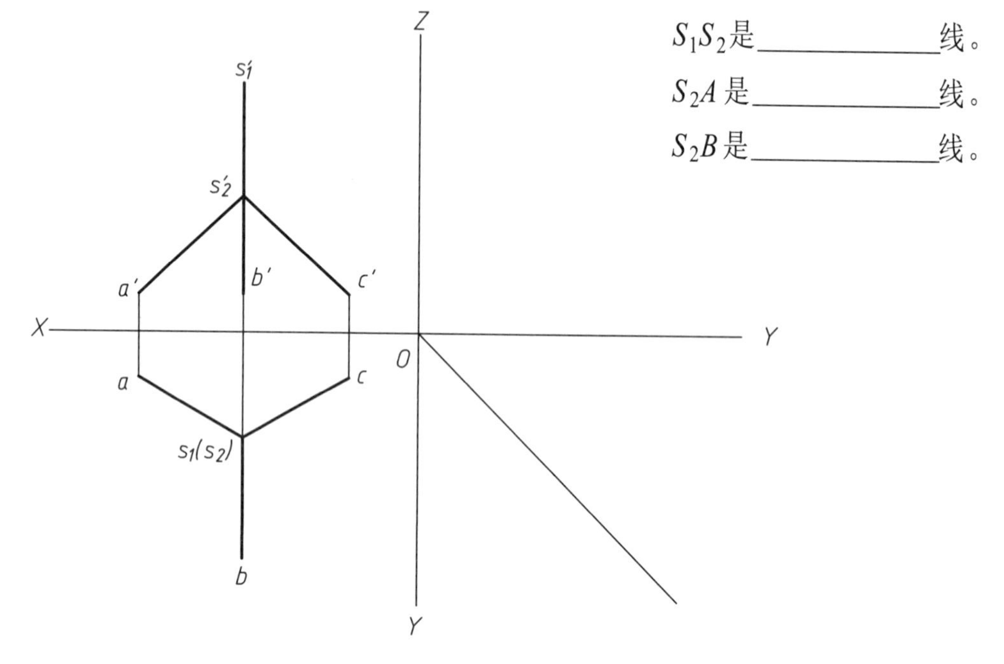

3. 在线段AB上取一点C，使A、C两点之间的距离为20 mm。

（1）

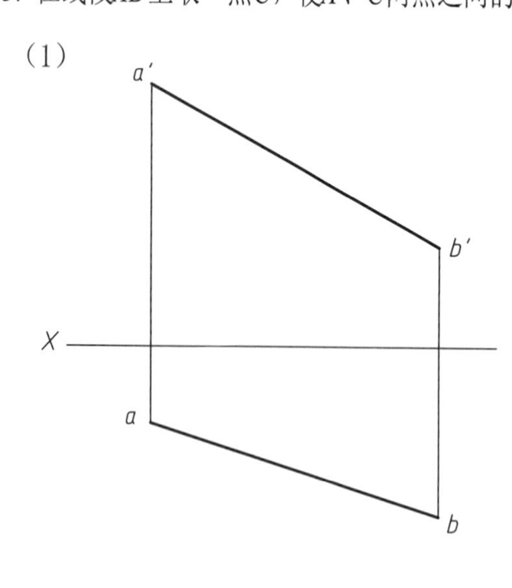

（2）

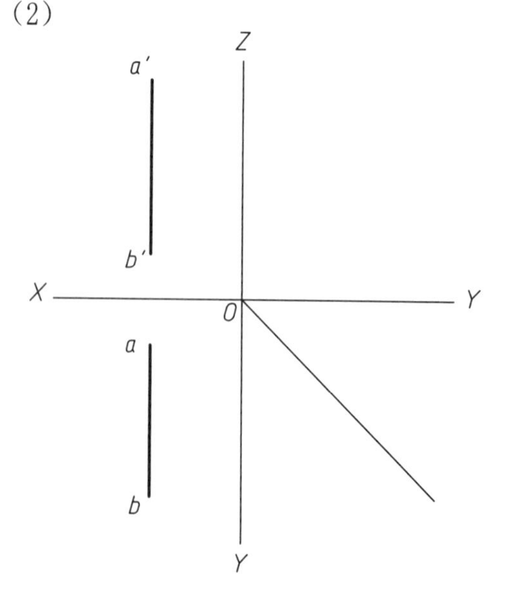

4. 已知KL和MN两直线相交，画出直线MN的另一个投影，并标出交点Q的投影。

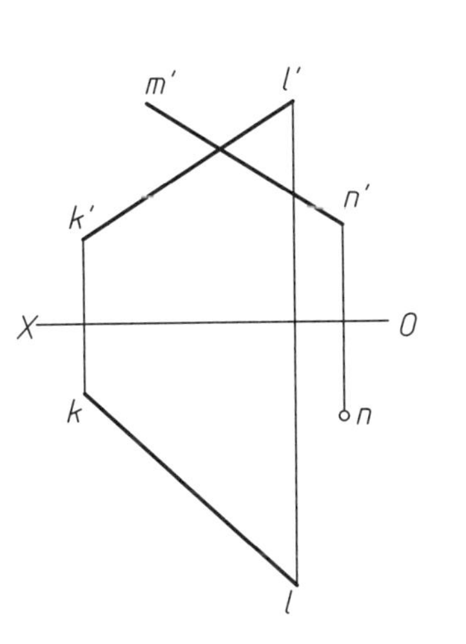

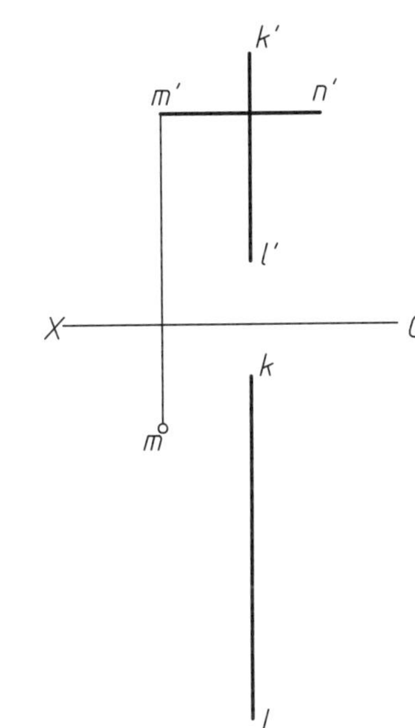

5. 在线段AB上找一点C，使点C与H、V面的距离之比为1∶2，作出点C的投影。

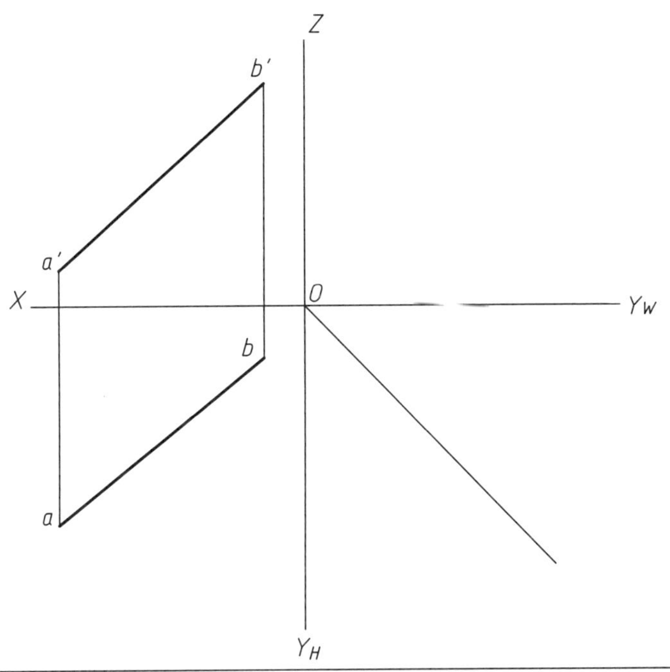

6. 作交叉两直线AB、CD的公垂线EF，分别与AB、CD交于E、F，并标明AB、CD间的真实距离。

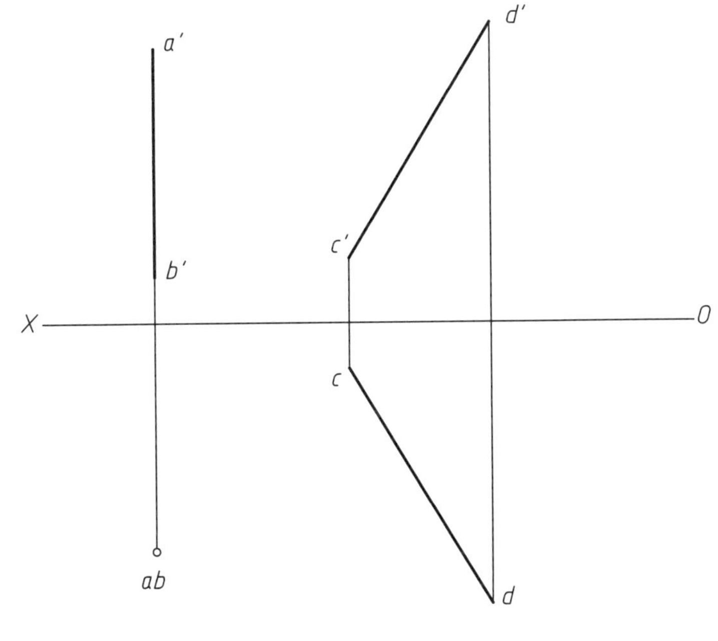

7. 作直线MN与已知直线CD、EF相交，同时与AB平行（点M在CD上，点N在EF上）。

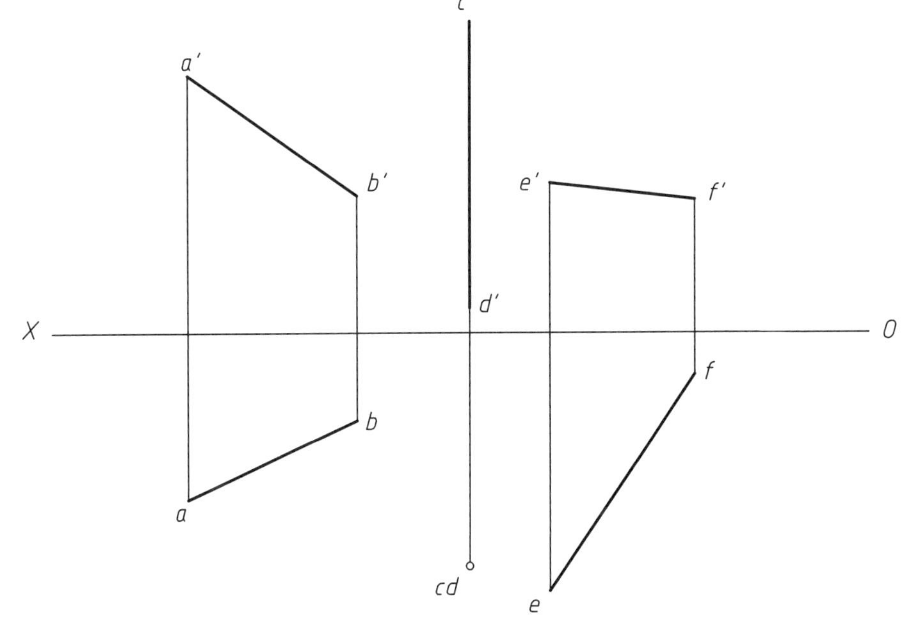

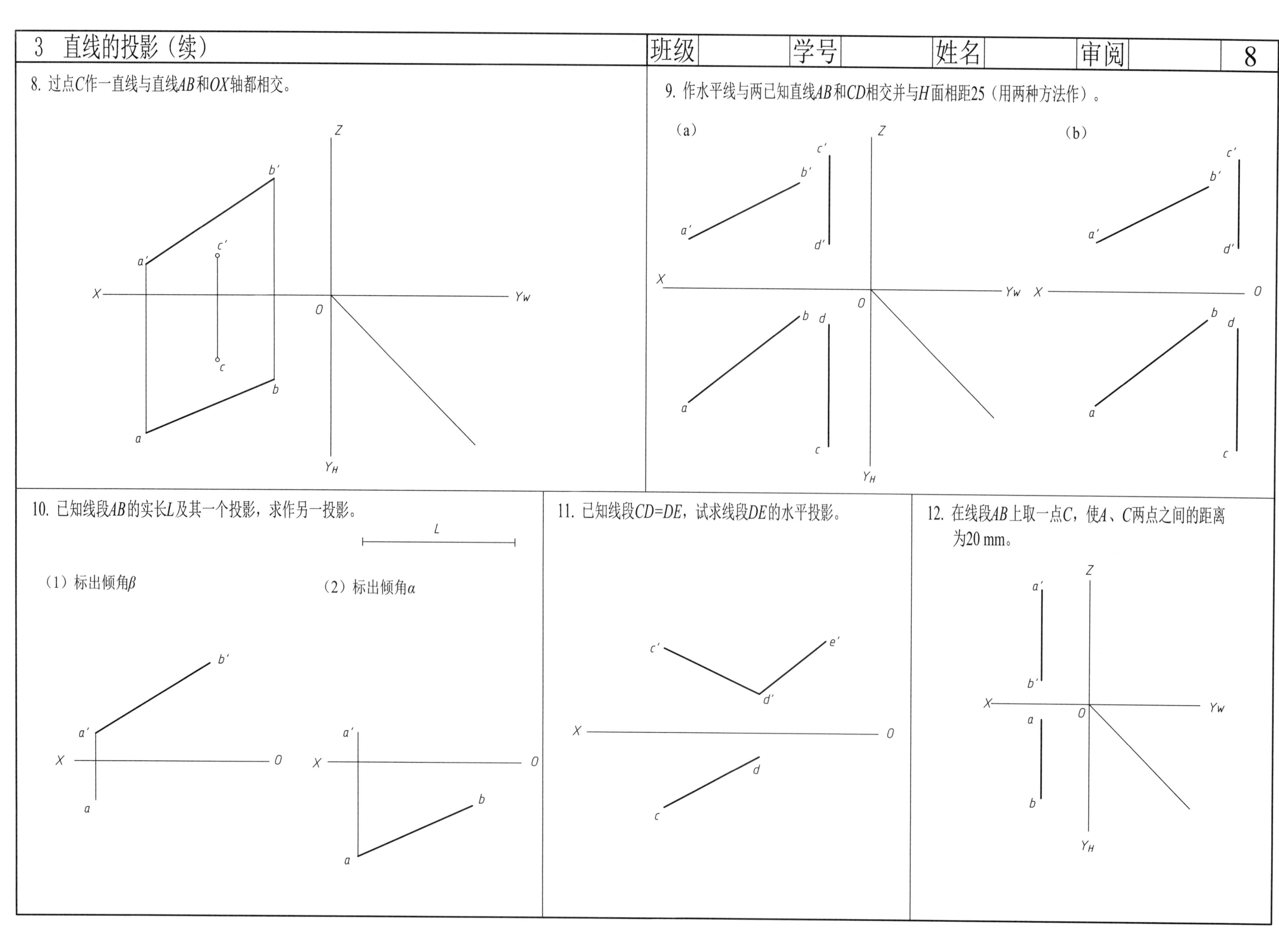

3 直线的投影（续）
班级
学号
姓名
审阅
8
8. 过点C作一直线与直线AB和OX轴都相交。
Z
b′
a′
c′
X
O
Yw
c
b
a
YH
9. 作水平线与两已知直线AB和CD相交并与H面相距25（用两种方法作）。
（a）
Z
c′
b′
a′
d′
X
Yw
O
b
d
a
c
YH
（b）
c′
b′
a′
d′
X
O
b
d
a
c
10. 已知线段AB的实长L及其一个投影，求作另一投影。
L
（1）标出倾角β
b′
a′
X
O
a
（2）标出倾角α
a′
X
O
b
a
11. 已知线段CD=DE，试求线段DE的水平投影。
c′
e′
d′
X
O
d
c
12. 在线段AB上取一点C，使A、C两点之间的距离为20 mm。
Z
a′
b′
X
O
Yw
a
b
YH

1. 已知平面的两个投影，求作第三投影。

（a）

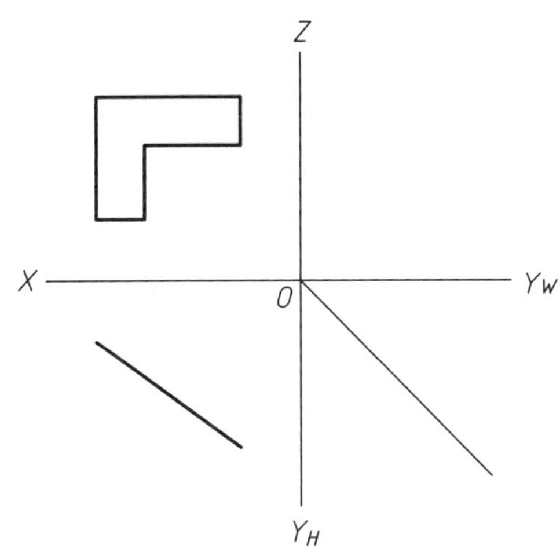

（b）

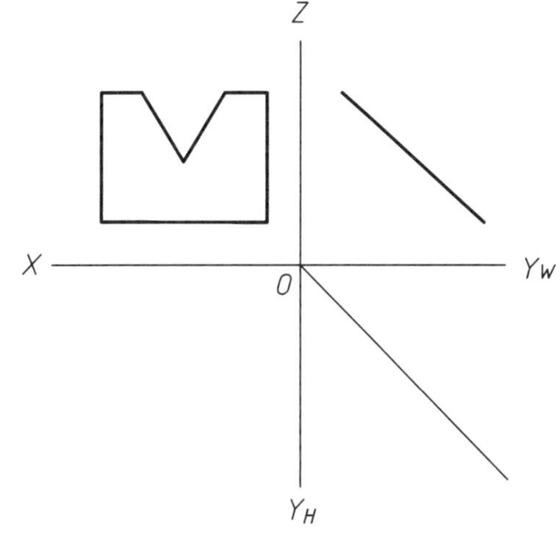

（c）

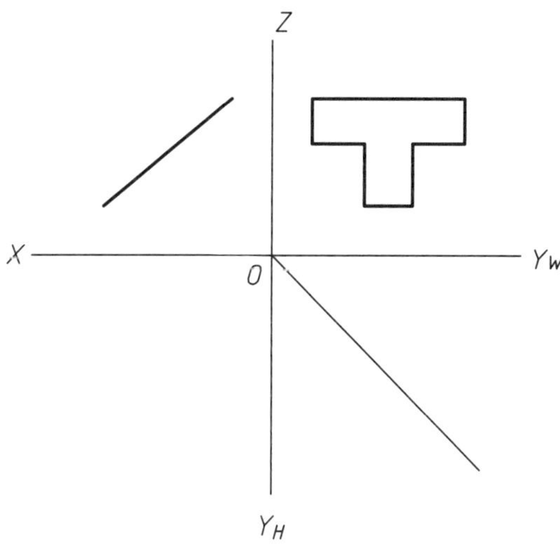

2. 已知平面*ABCDE*的一个投影，求作另一个投影（用两种方法作）。

（a）（提示：平面上的直线必通过平面上的两点）

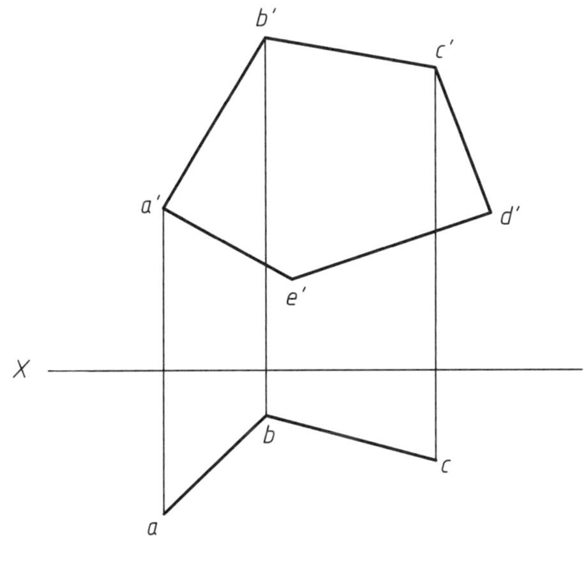

（b）（提示：平面上的直线必通过平面内的一点，并平行于平面上另一直线）

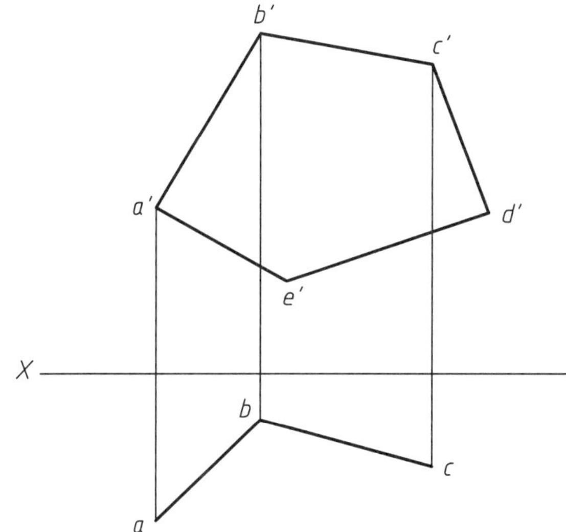

3. 过已知直线*AB*作一铅垂面（用三角形表示），画出它的三个投影。

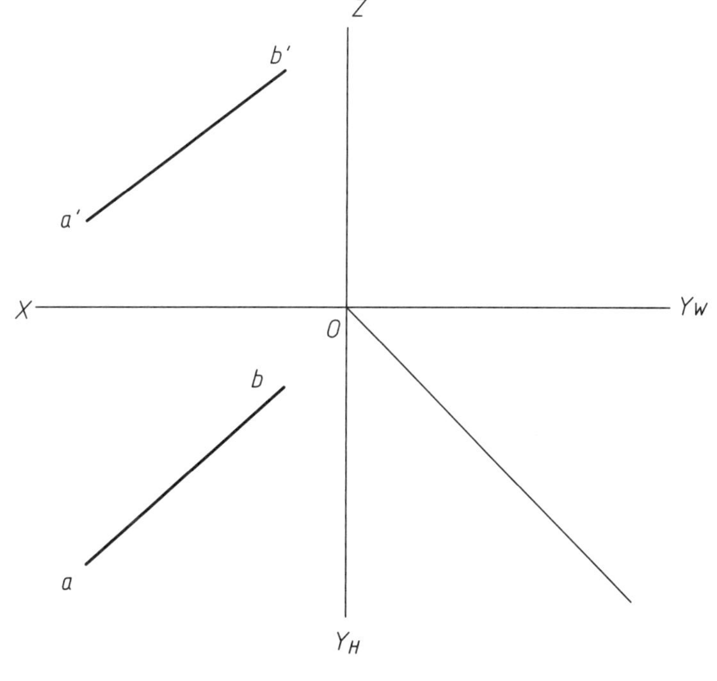

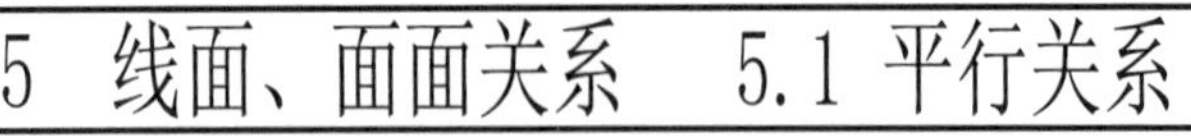

1. 已知直线*AB*平行于平面*P*(*CD*//*EF*)，完成*AB*的投影。

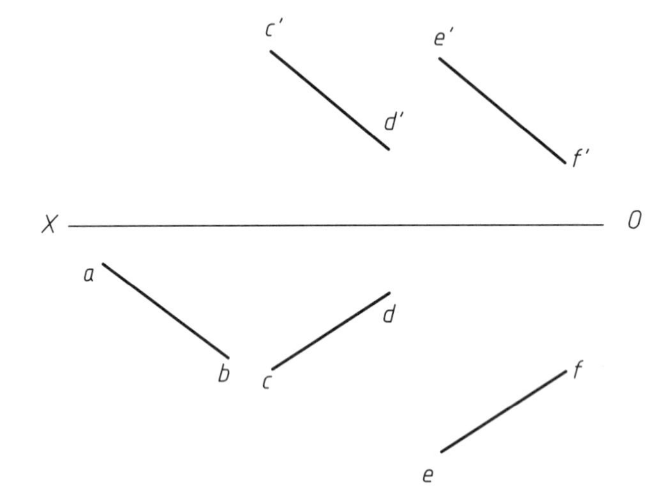

2. 已知直线*MN*和△*ABC*平行，求作此三角形的水平投影。

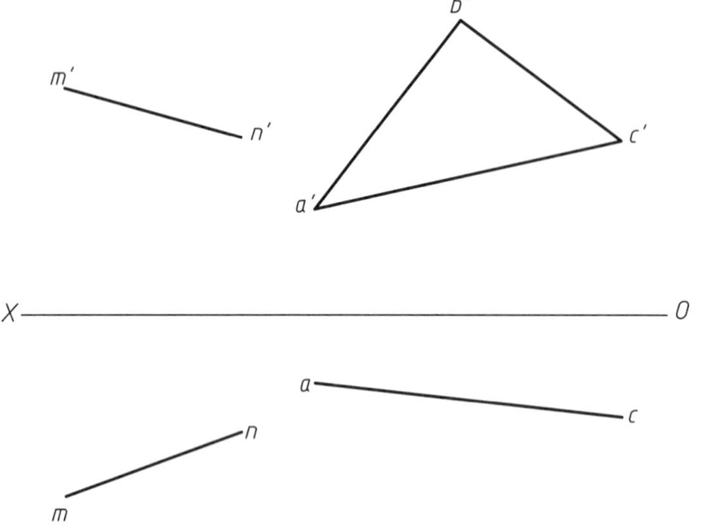

3. 已知平面*P*(*AB*//*CD*)平行于△*EFG*，试完成平面*P*的投影。

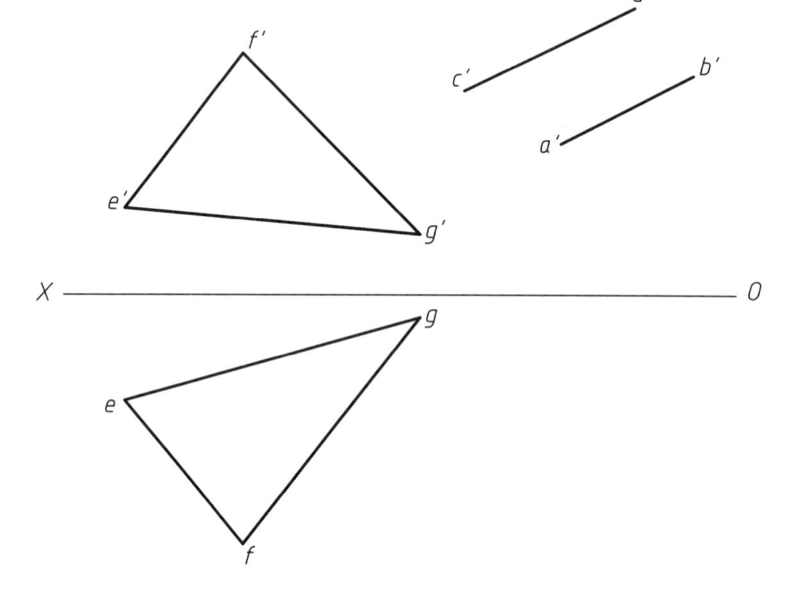

4. 平面△*ABC*和△*DEF*相互平行，完成平面△*DEF*的投影。

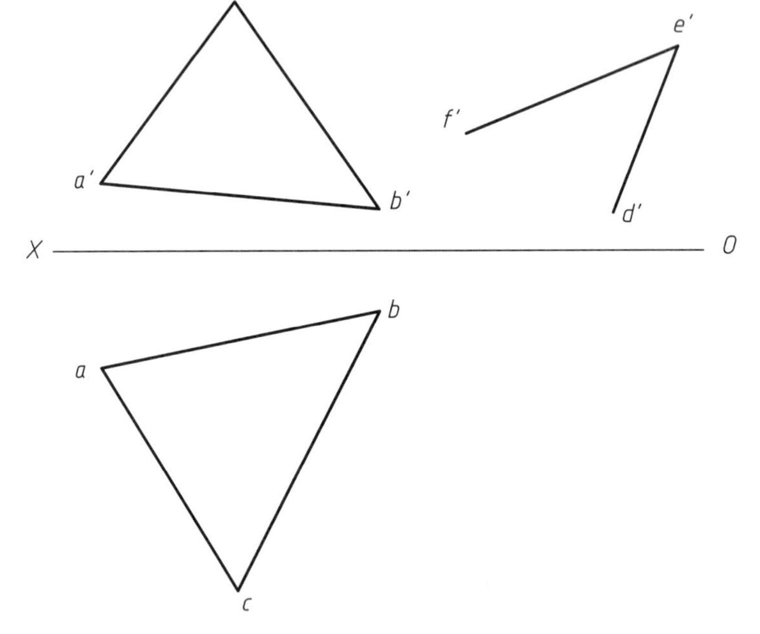

5. 过点*M*作正垂面平行于直线*AB*。

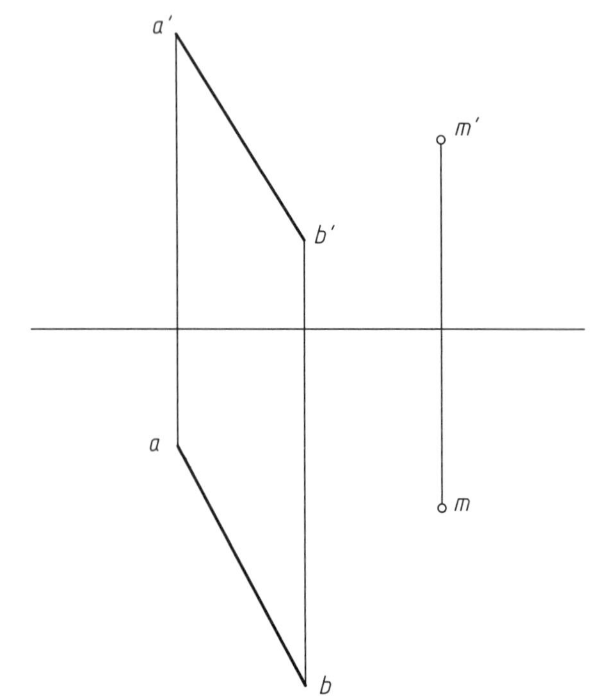

6. 已知点*M*的水平投影及△*ABC*两投影，试过点*M*作一直线*MN*，使其平行于平面△*ABC*，且到△*ABC*的距离为20 mm。

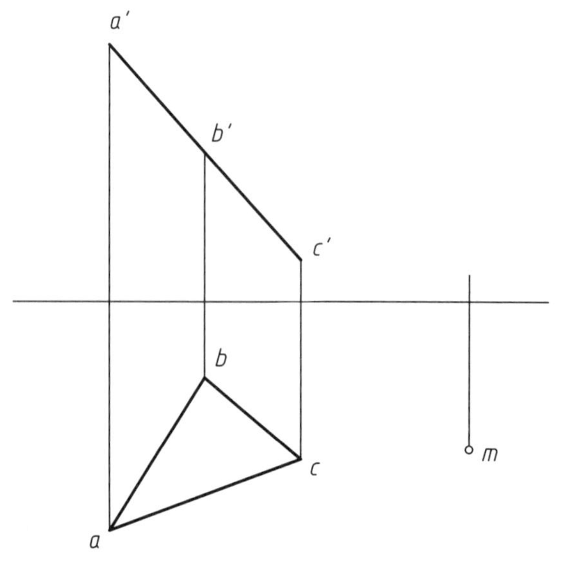

1. 求直线*MN*与平面△*ABC*的交点*K*，并判别可见性。

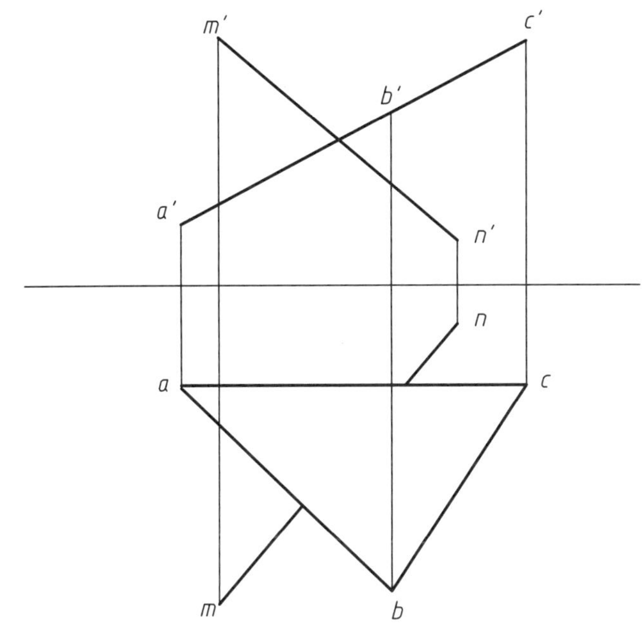

2. 求直线*MN*与平面△*DEF*的交点*K*，并判别可见性。

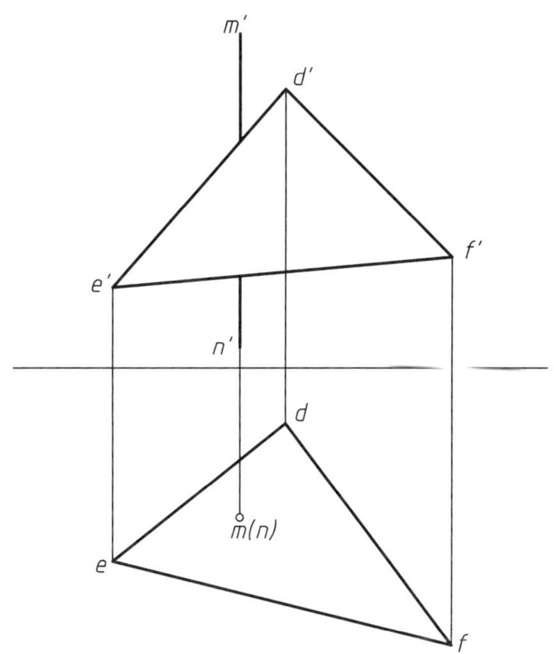

3. 求作△*ABC*与□*DEFG*相交的交线，并判别可见性。

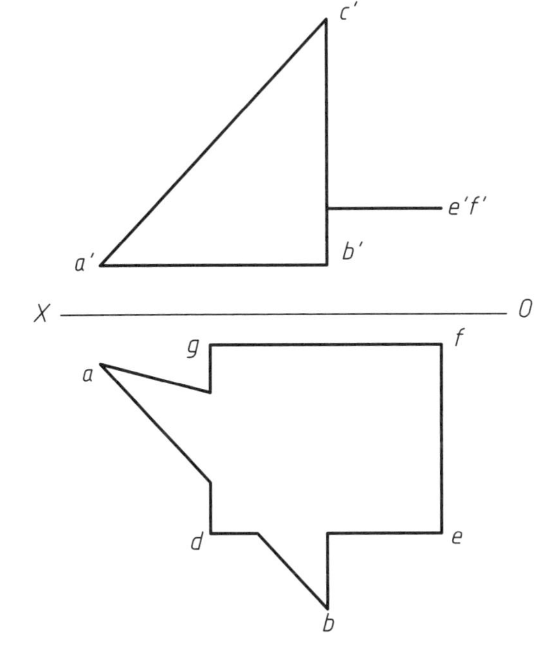

4. 求直线*EF*与平面（*AB*×*AC*）的交点，并判别可见性（用两种方法作）。

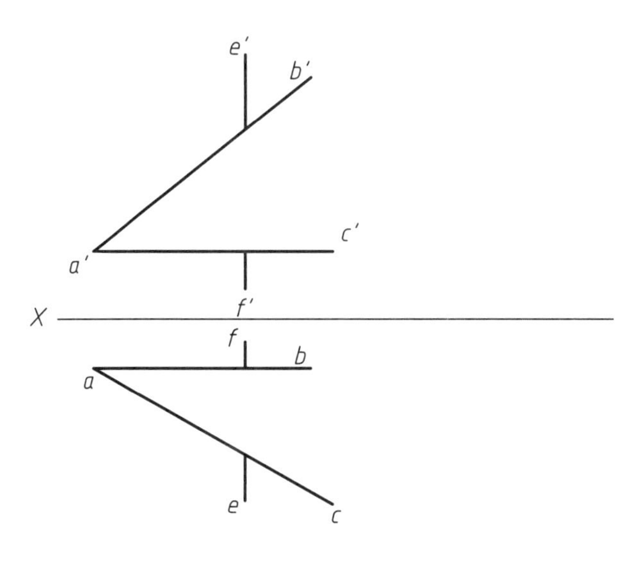

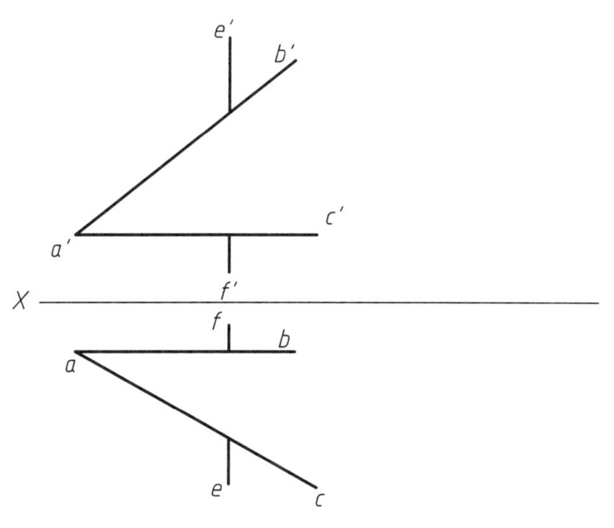

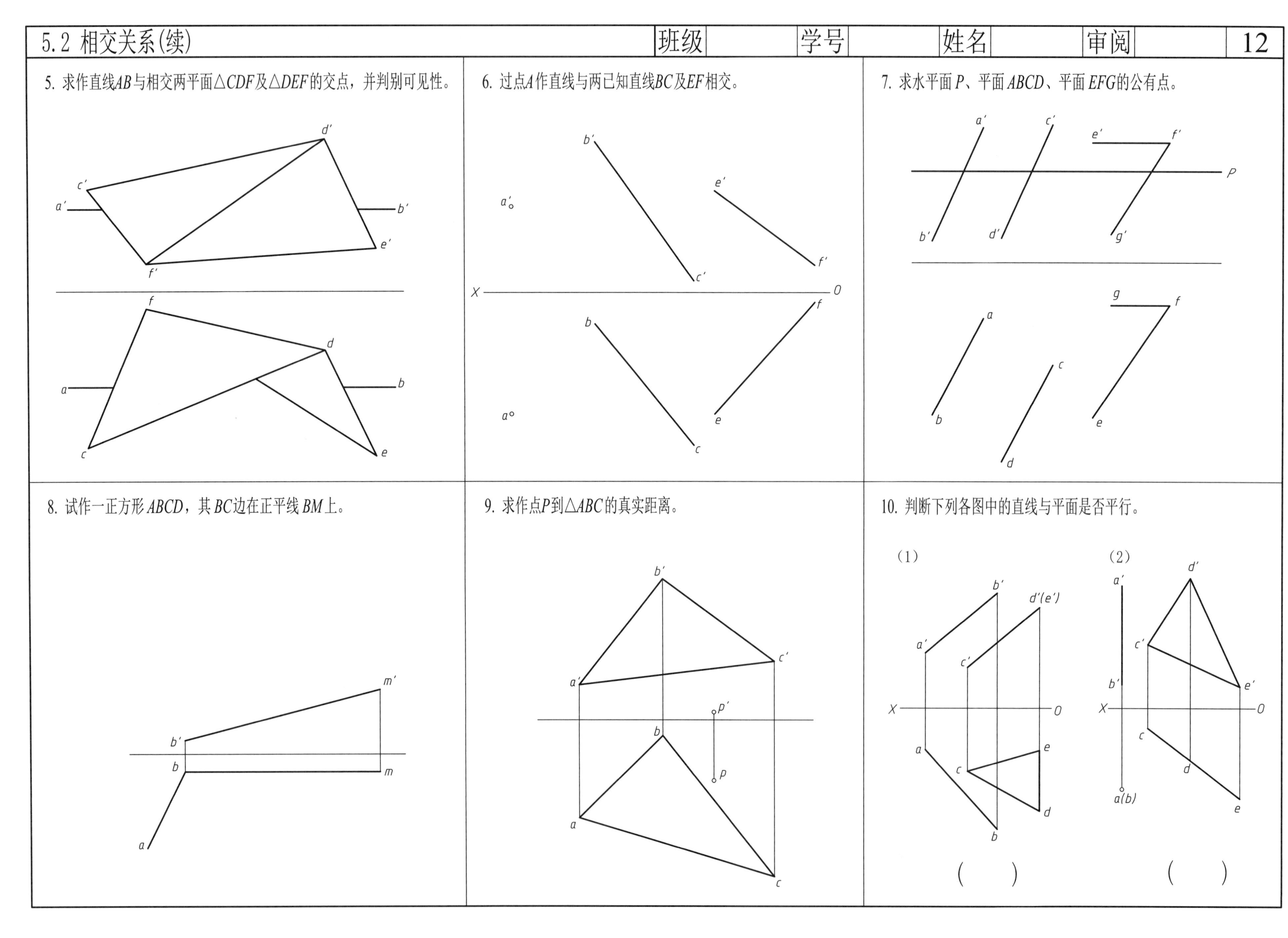
5. 求作直线AB与相交两平面△CDF及△DEF的交点，并判别可见性。
6. 过点A作直线与两已知直线BC及EF相交。
7. 求水平面P、平面ABCD、平面EFG的公有点。
8. 试作一正方形ABCD，其BC边在正平线BM上。
9. 求作点P到△ABC的真实距离。
10. 判断下列各图中的直线与平面是否平行。
(1)
(2)
( )
( )

1. 质点M受两力MA、MB的作用，试确定合力的投影及实际大小（图中1 mm=1 kg）。

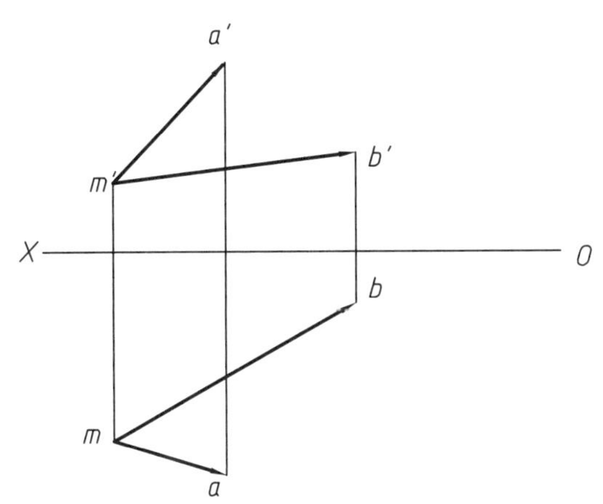

2. 在△ABC平面内找一点K，使点K距离点A为15 mm，距离点B为25 mm。

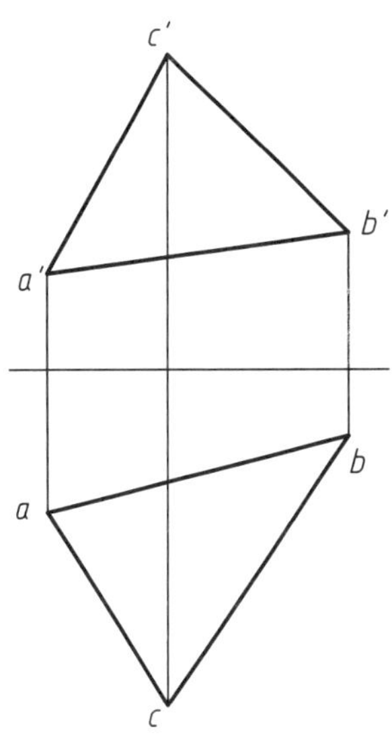

3. 求点D到△ABC的真实距离，并画出其垂足K的投影。

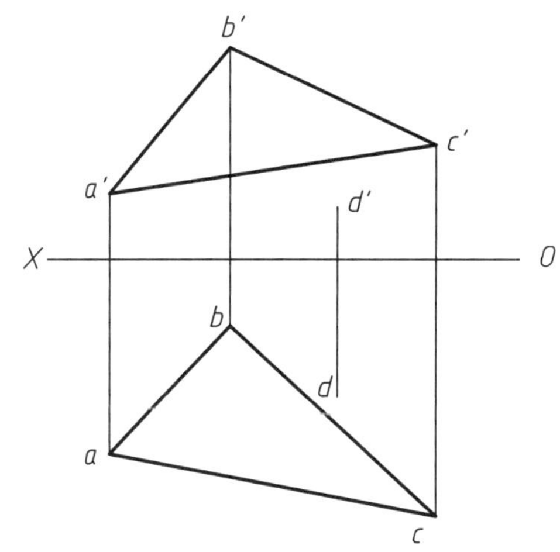

4. 以AB为底作等腰三角形ABC，其高为30 mm，并与H面成45°。

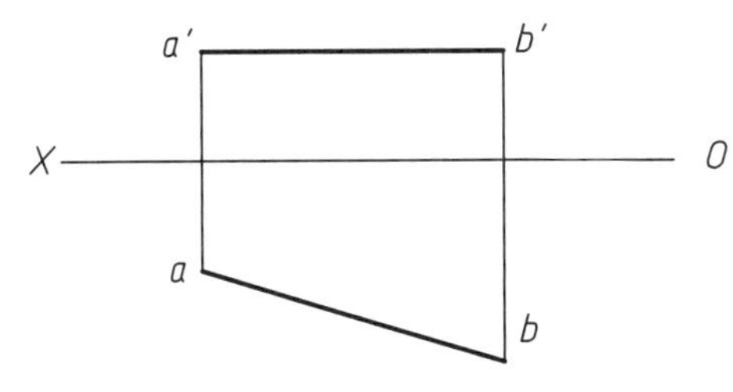

5. 已知线段DE平行于△ABC，与三角形平面的距离为15 mm，求线段DE的正面投影。

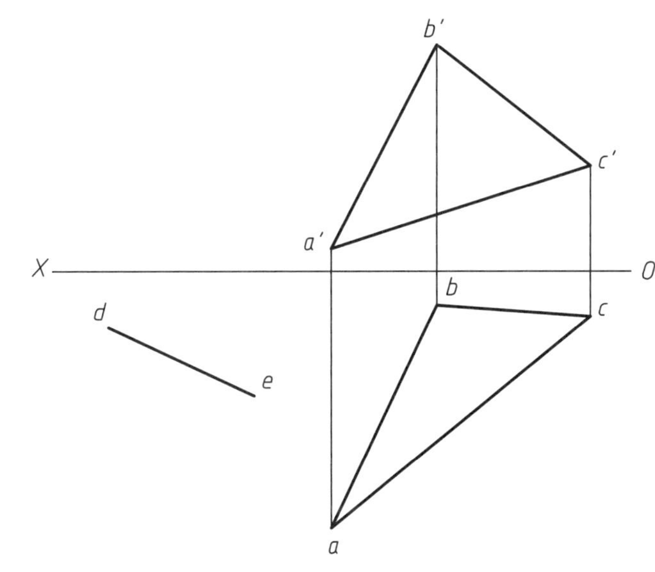

6. 已知入射光线为AO方向，反射光线为OB方向，试确定反射镜面的位置及其投影（镜面用以O为中心的正方形表示，边长为20 mm，其中两边是水平线）。

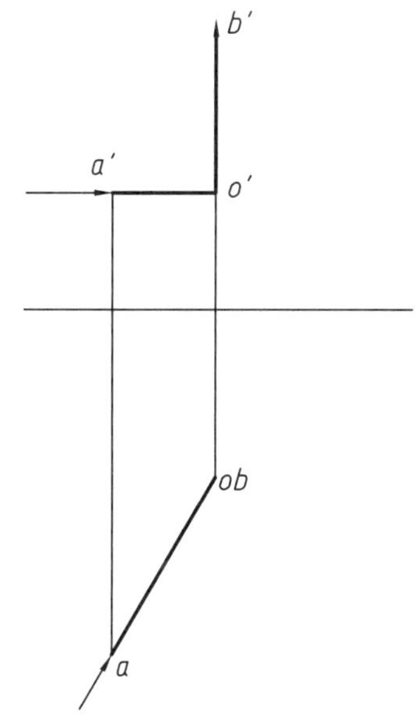

7. 作直线CD与AB相交成60°角。

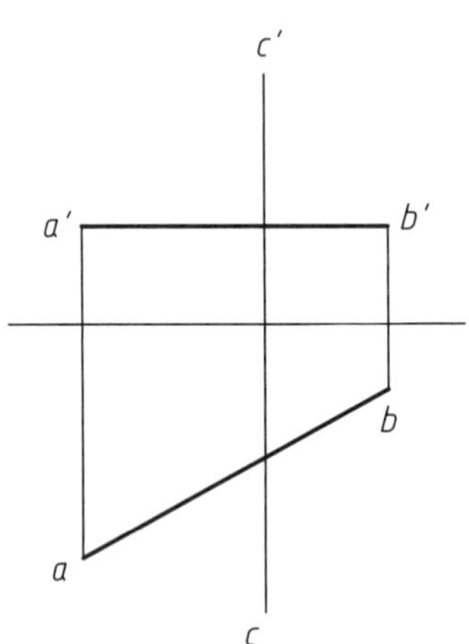

8. 试确定连接管子AB与CD的最短管子EF的位置及其长度。

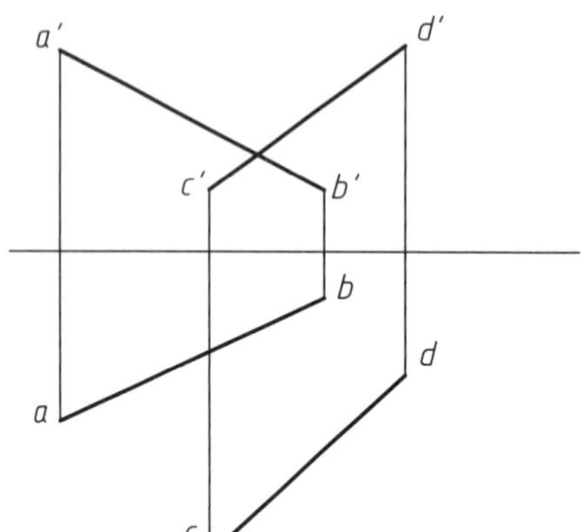

9. 直线AB//CD，求作：(a) 点K到直线AB及CD的距离；(b) 直线AB与CD间的距离。

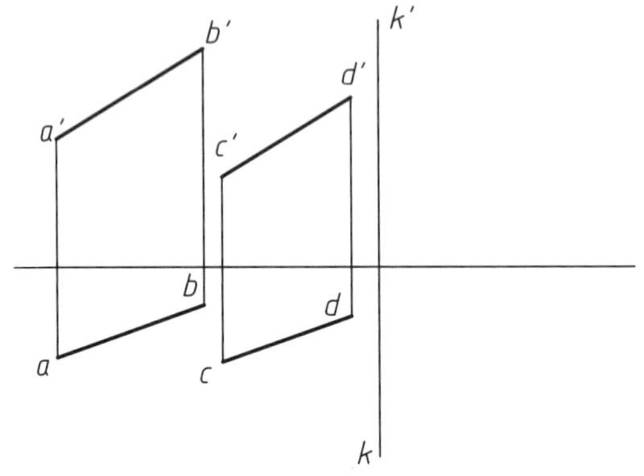

10. 已知直线AB//CD，且相距为10 mm，求CD的正面投影c′d′。

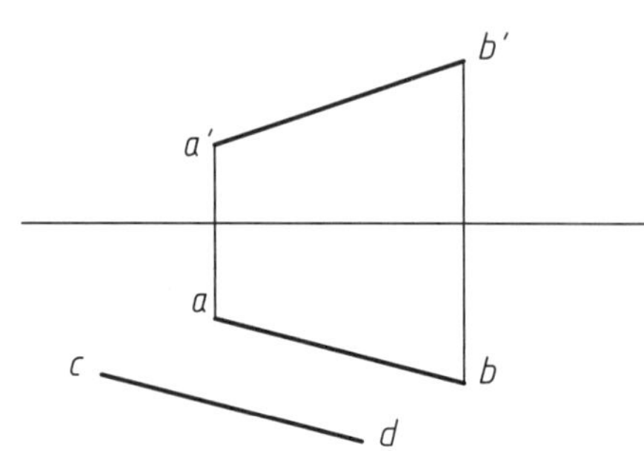

11. 电流在导线中由A流向B，试给出在点C的磁场强度方向的投影。

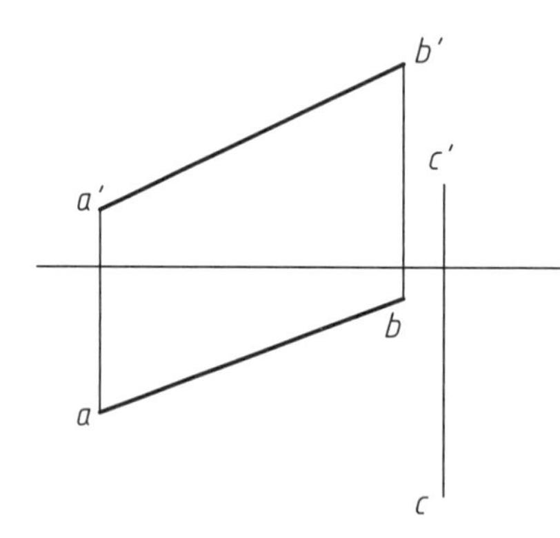

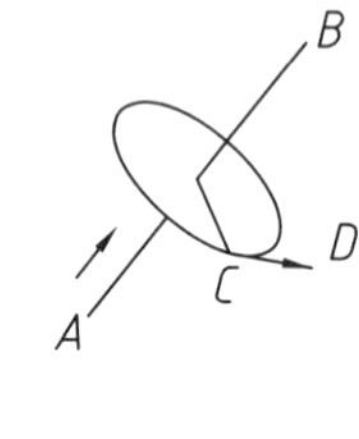

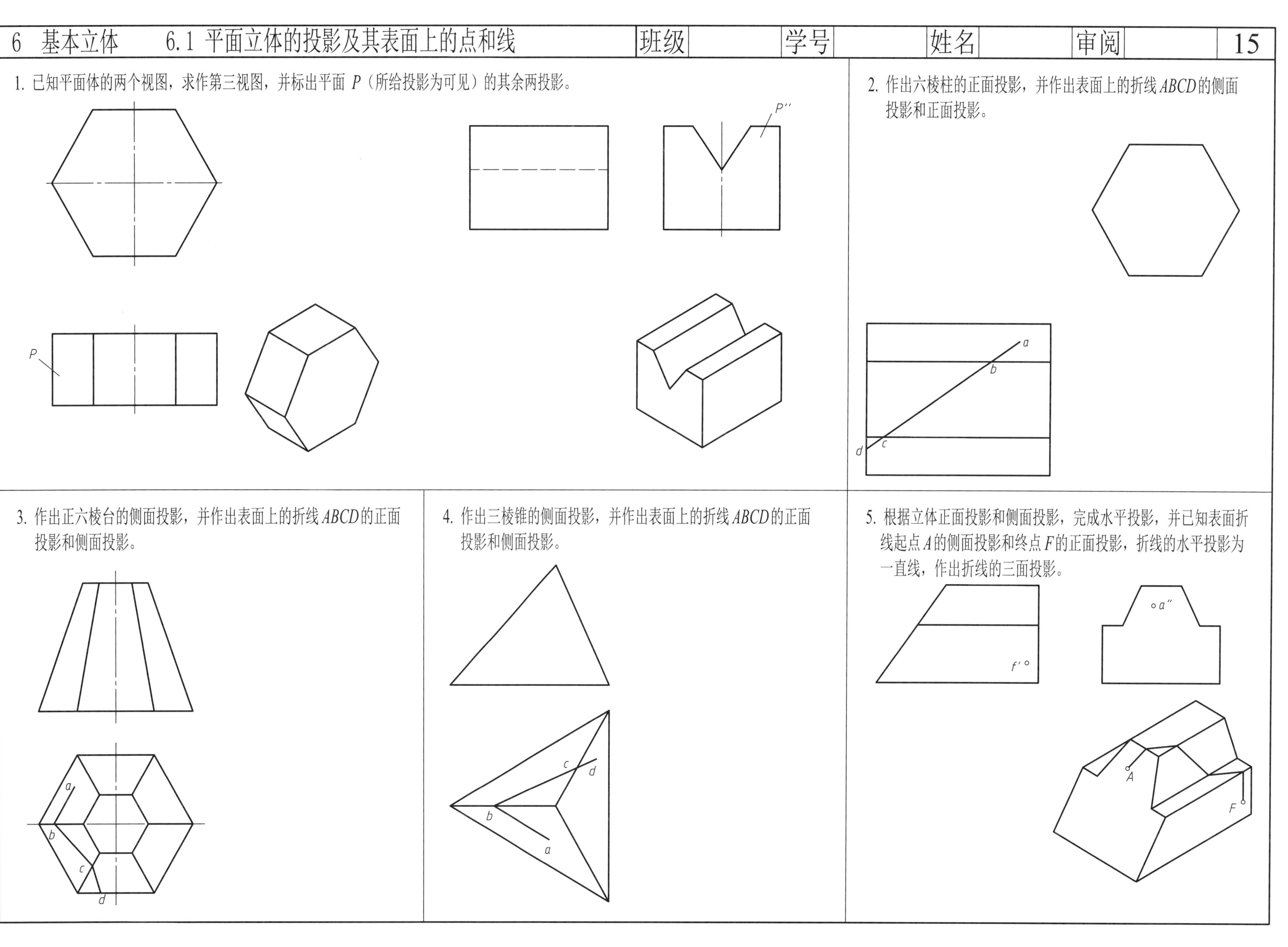
1. 已知平面体的两个视图，求作第三视图，并标出平面 P（所给投影为可见）的其余两投影。
P''
P
2. 作出六棱柱的正面投影，并作出表面上的折线ABCD的侧面投影和正面投影。
a
b
c
d
3. 作出正六棱台的侧面投影，并作出表面上的折线ABCD的正面投影和侧面投影。
a
b
c
d
4. 作出三棱锥的侧面投影，并作出表面上的折线ABCD的正面投影和侧面投影。
c
d
b
a
5. 根据立体正面投影和侧面投影，完成水平投影，并已知表面折线起点A的侧面投影和终点F的正面投影，折线的水平投影为一直线，作出折线的三面投影。
a''
f'
A
F

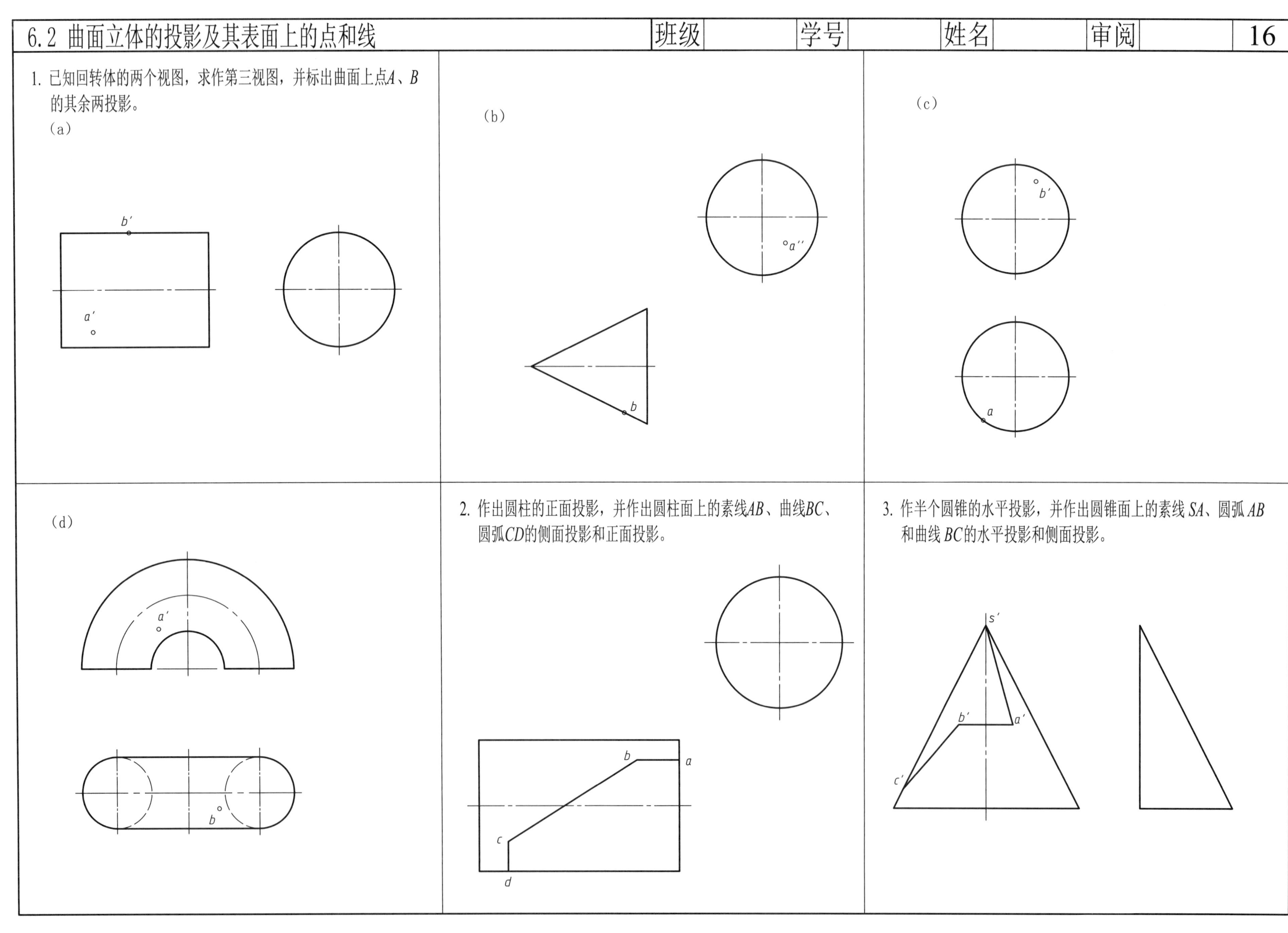

1. 已知回转体的两个视图，求作第三视图，并标出曲面上点A、B的其余两投影。

2. 作出圆柱的正面投影，并作出圆柱面上的素线AB、曲线BC、圆弧CD的侧面投影和正面投影。

3. 作半个圆锥的水平投影，并作出圆锥面上的素线SA、圆弧AB和曲线BC的水平投影和侧面投影。

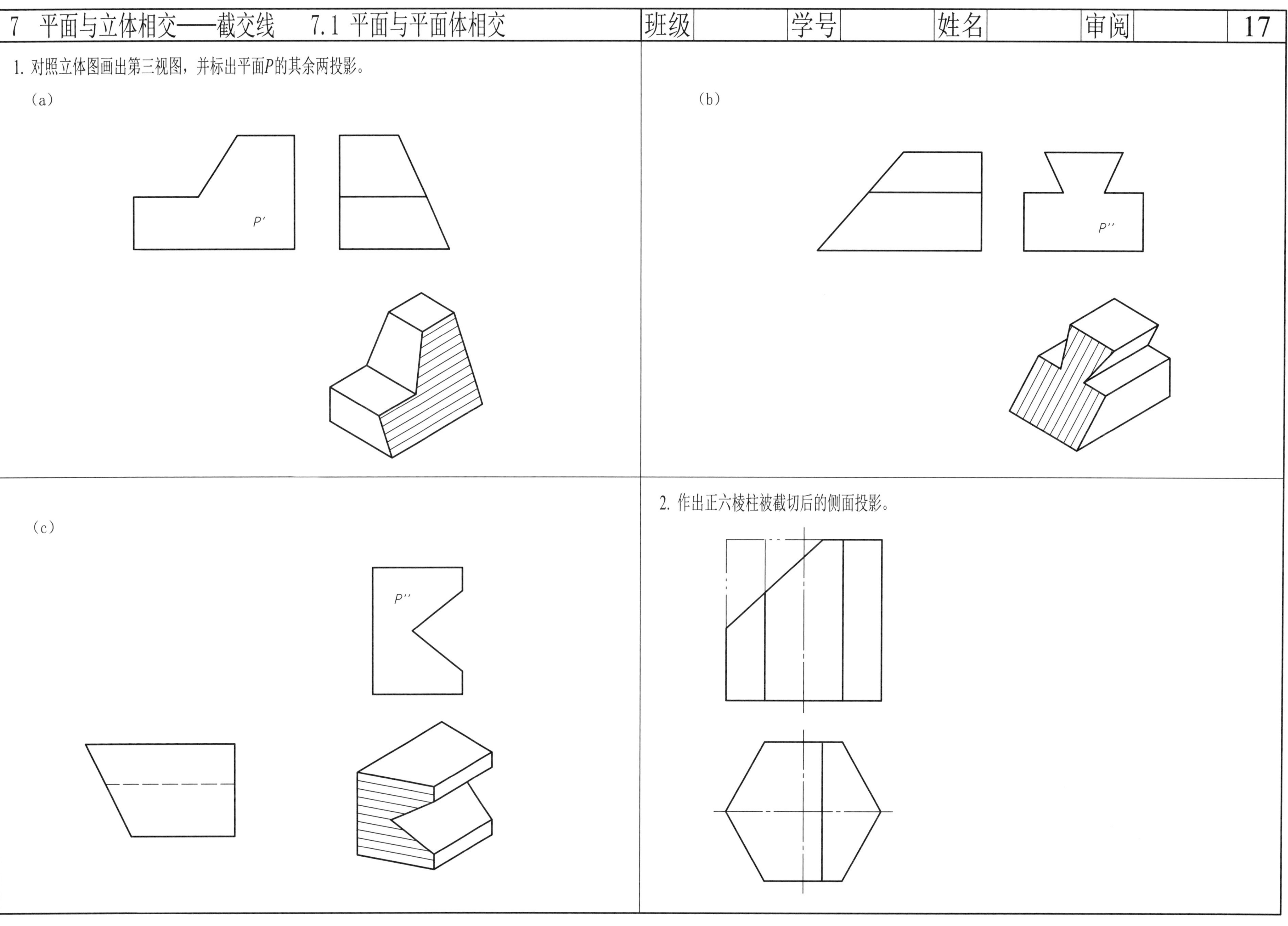
7 平面与立体相交——截交线 7.1 平面与平面体相交
班级
学号
姓名
审阅
17
1. 对照立体图画出第三视图，并标出平面P的其余两投影。
(a)
P′
(b)
P″
(c)
P″
2. 作出正六棱柱被截切后的侧面投影。

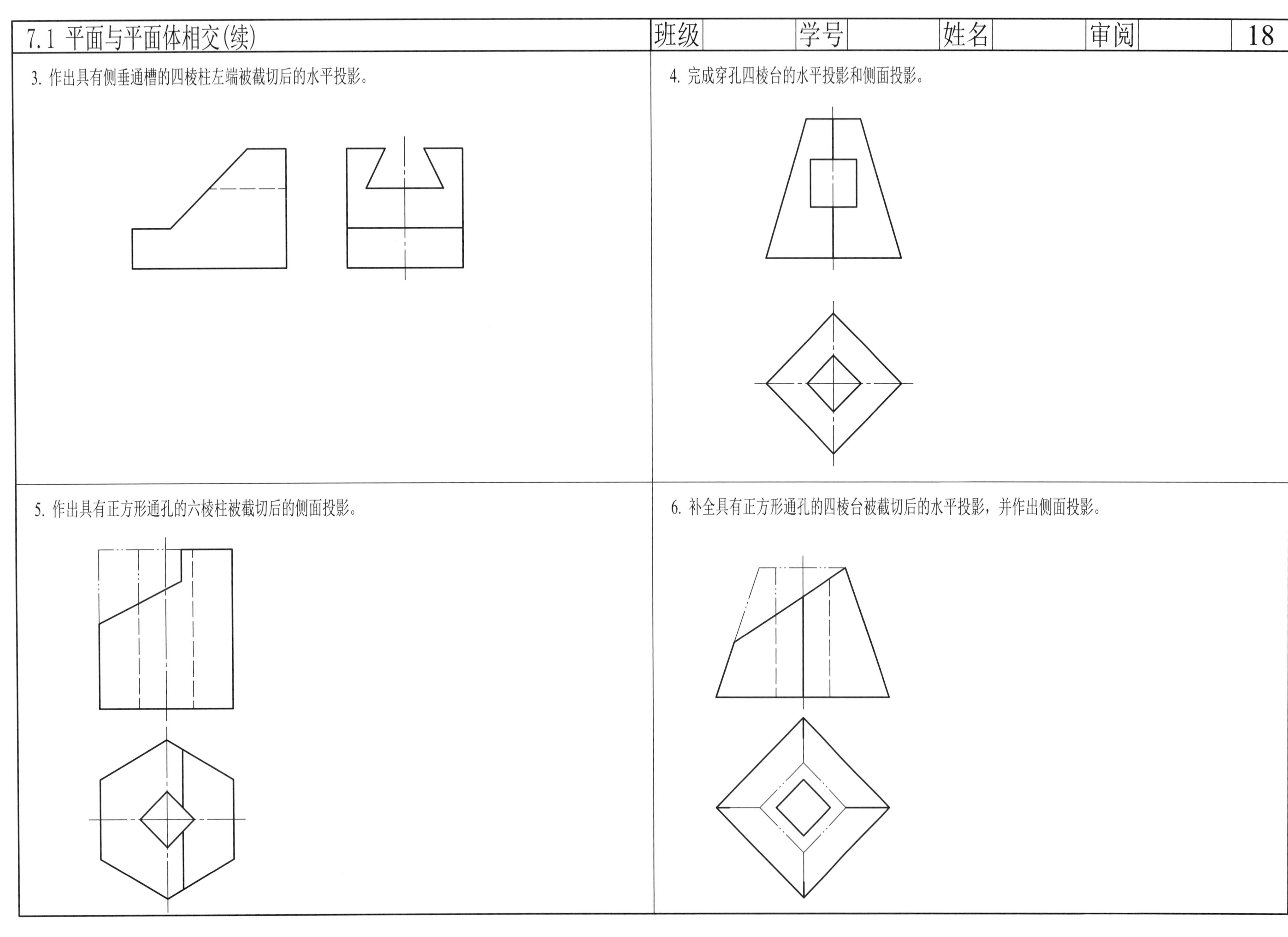

3. 作出具有侧垂通槽的四棱柱左端被截切后的水平投影。

4. 完成穿孔四棱台的水平投影和侧面投影。

5. 作出具有正方形通孔的六棱柱被截切后的侧面投影。

6. 补全具有正方形通孔的四棱台被截切后的水平投影，并作出侧面投影。

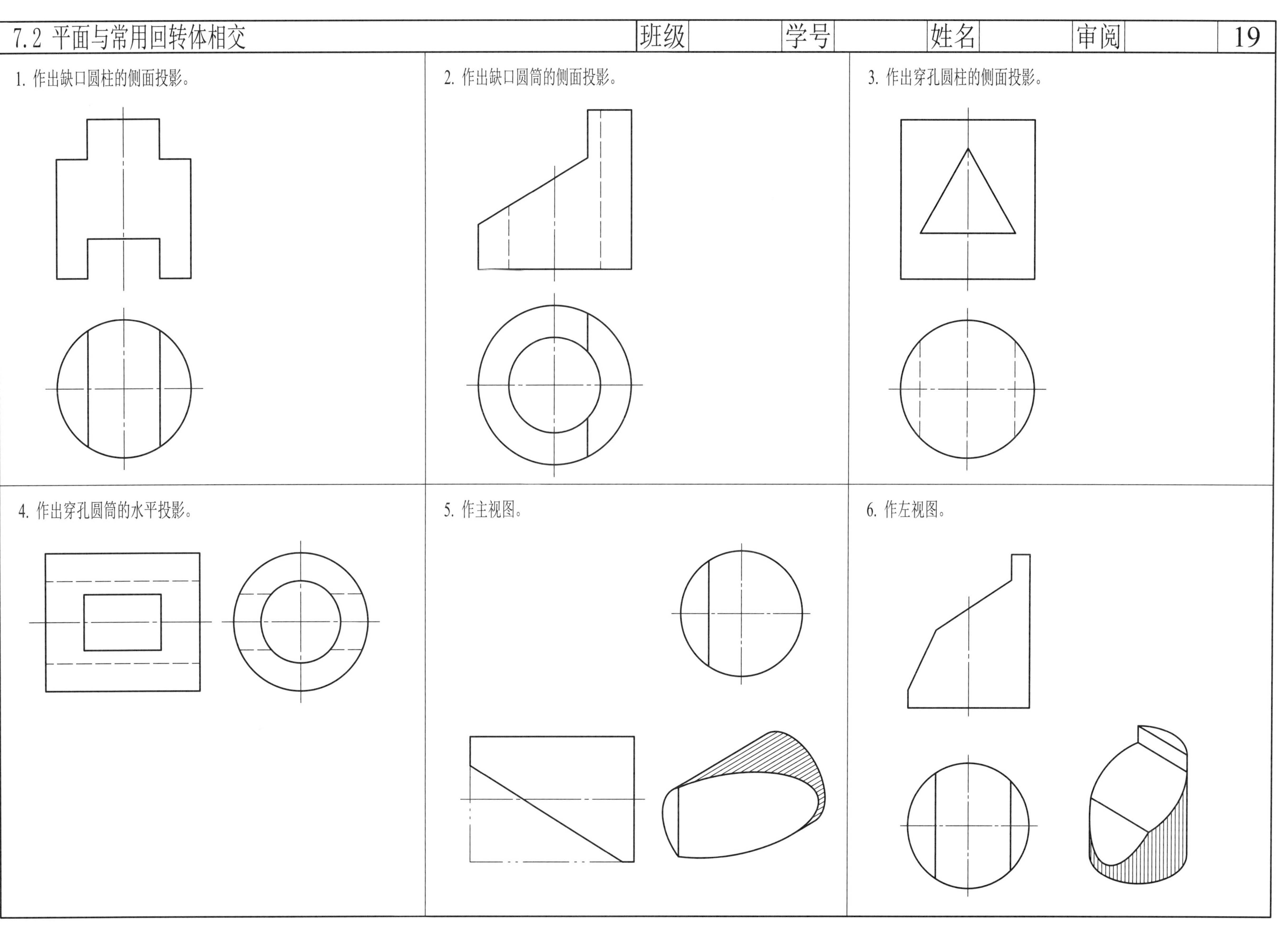

1. 作出缺口圆柱的侧面投影。

2. 作出缺口圆筒的侧面投影。

3. 作出穿孔圆柱的侧面投影。

4. 作出穿孔圆筒的水平投影。

5. 作主视图。

6. 作左视图。

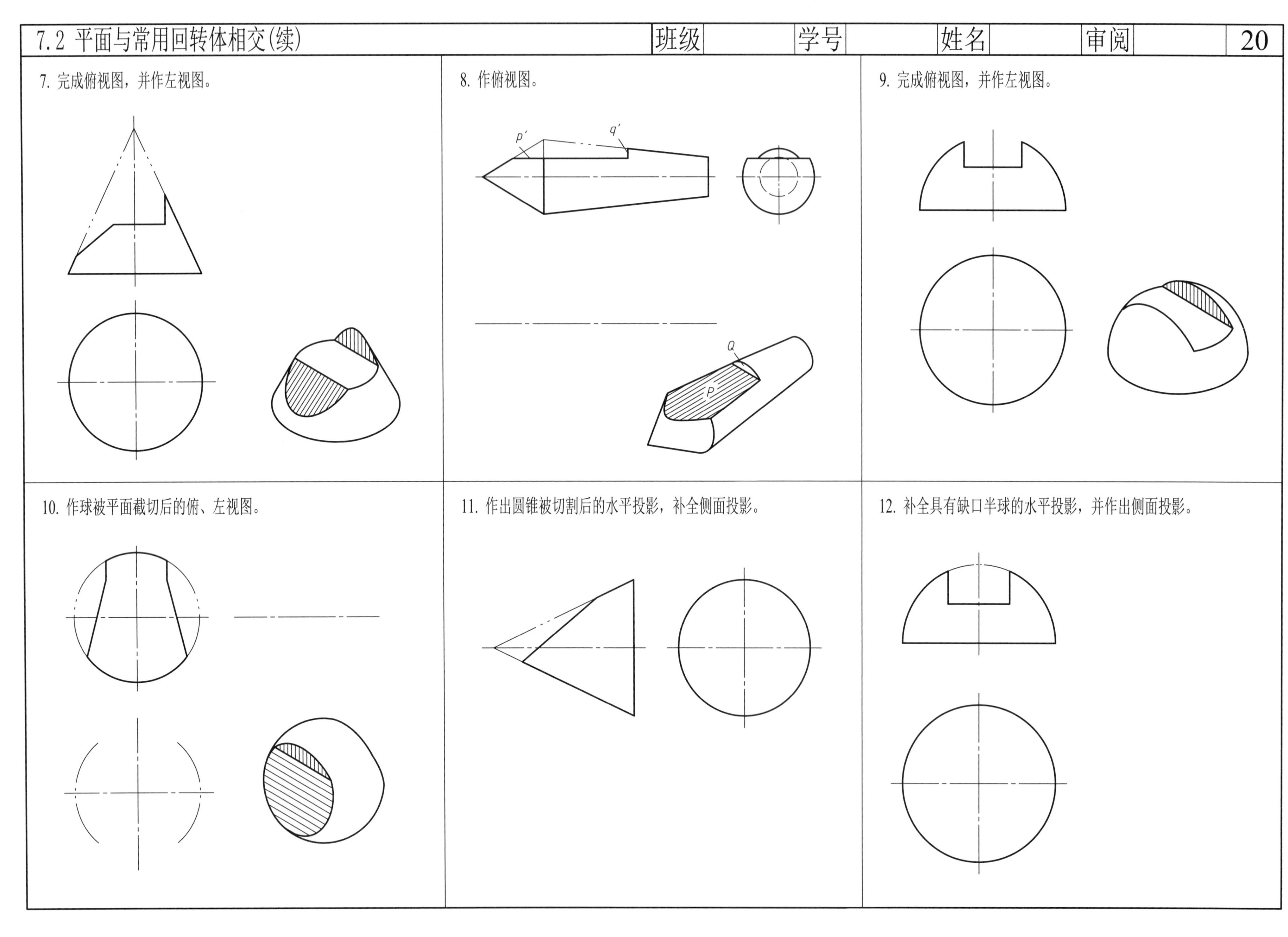
7. 完成俯视图，并作左视图。
8. 作俯视图。
p′
q′
Q
P
9. 完成俯视图，并作左视图。
10. 作球被平面截切后的俯、左视图。
11. 作出圆锥被切割后的水平投影，补全侧面投影。
12. 补全具有缺口半球的水平投影，并作出侧面投影。

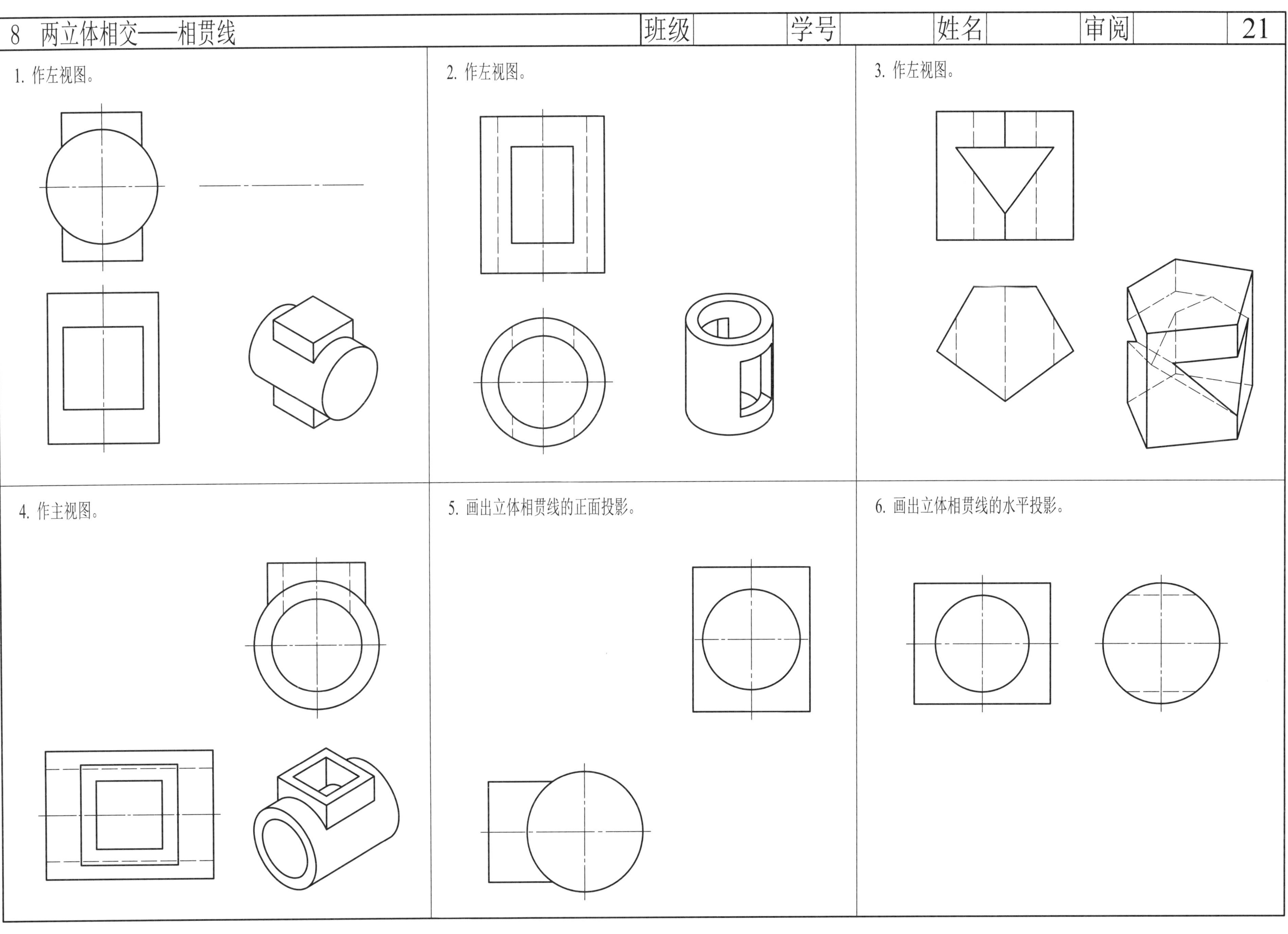
8 两立体相交——相贯线
班级
学号
姓名
审阅
21
1. 作左视图。
2. 作左视图。
3. 作左视图。
4. 作主视图。
5. 画出立体相贯线的正面投影。
6. 画出立体相贯线的水平投影。

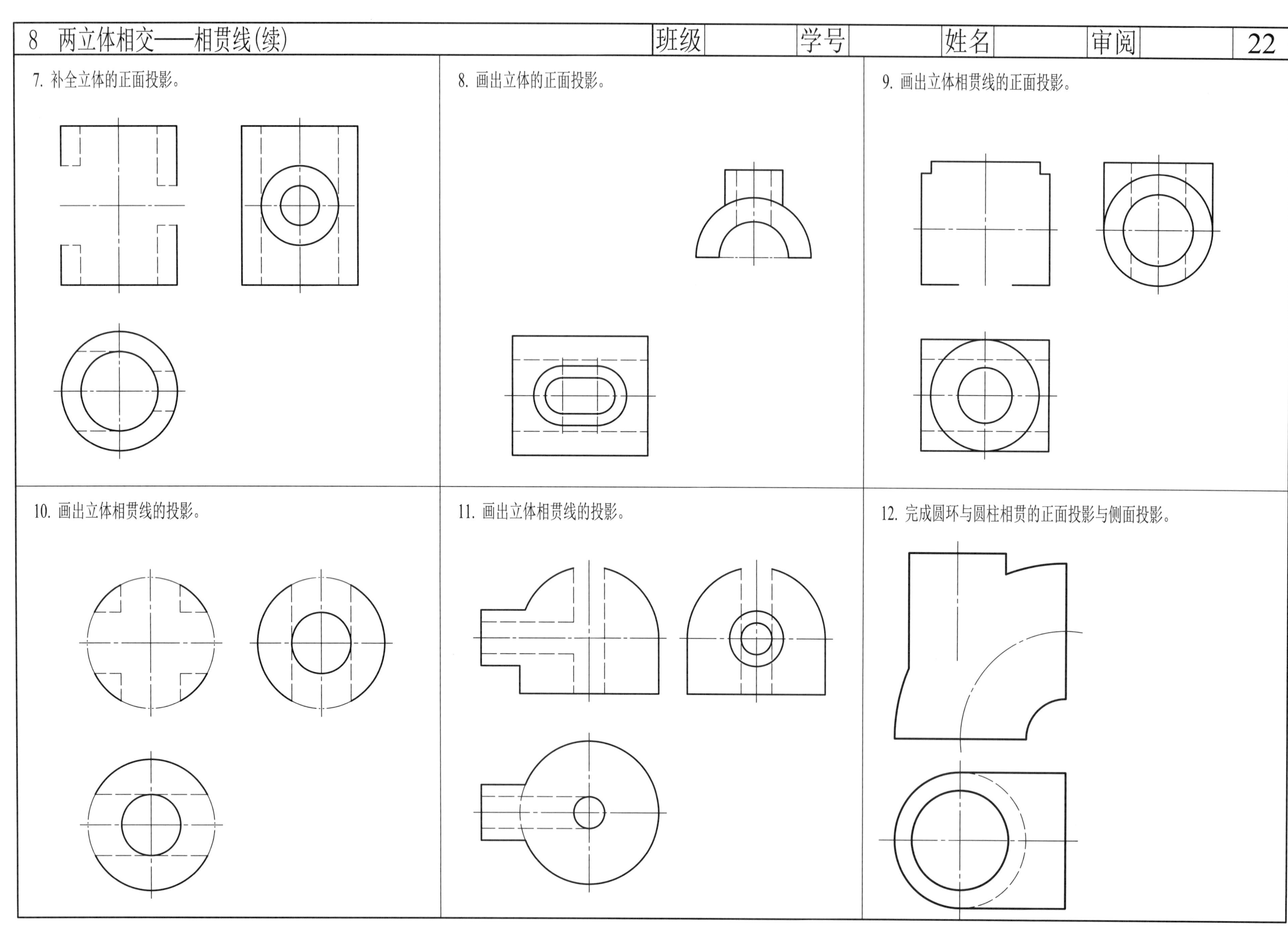
7. 补全立体的正面投影。
8. 画出立体的正面投影。
9. 画出立体相贯线的正面投影。
10. 画出立体相贯线的投影。
11. 画出立体相贯线的投影。
12. 完成圆环与圆柱相贯的正面投影与侧面投影。

13. 根据已知视图，补画第三视图。

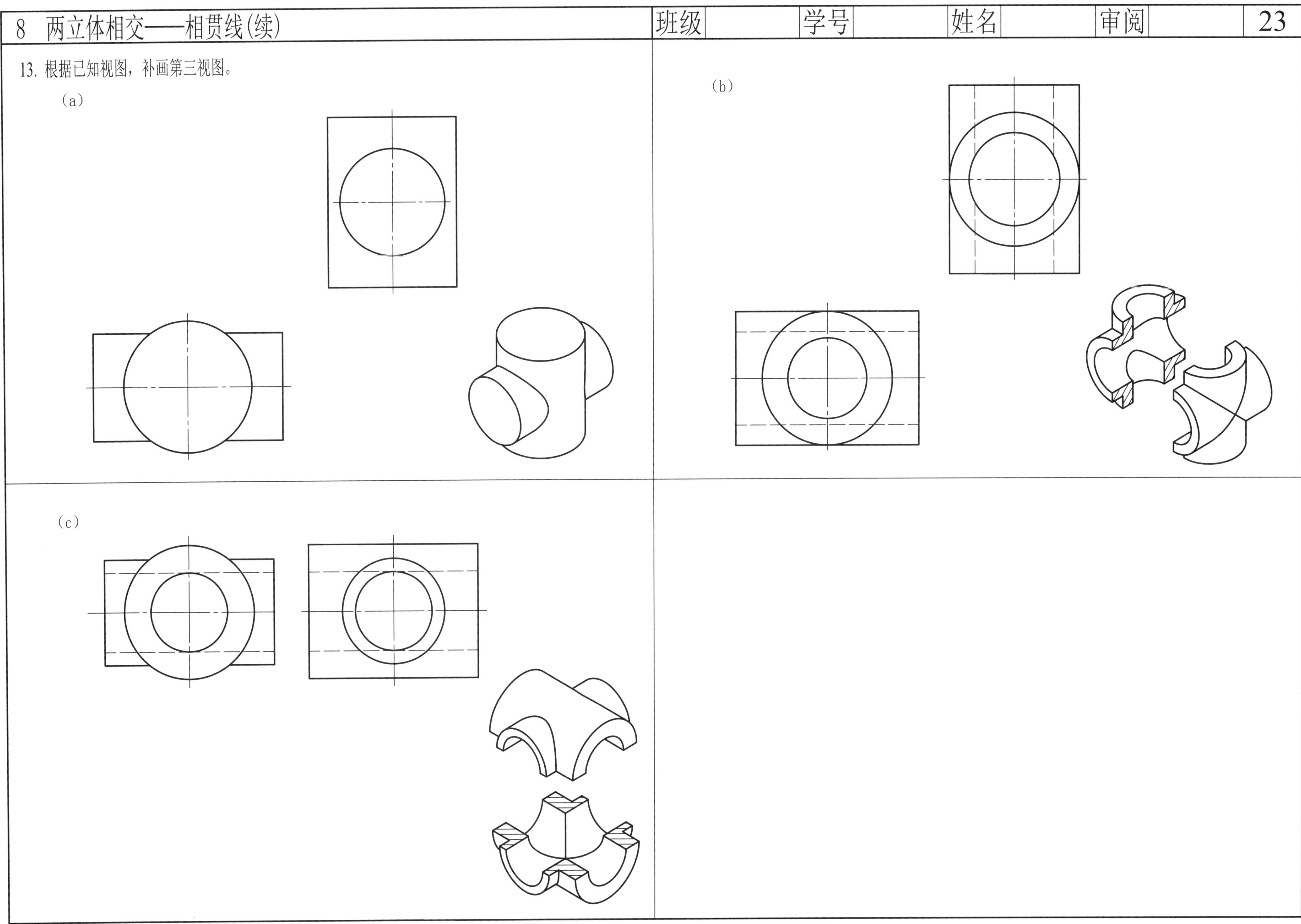

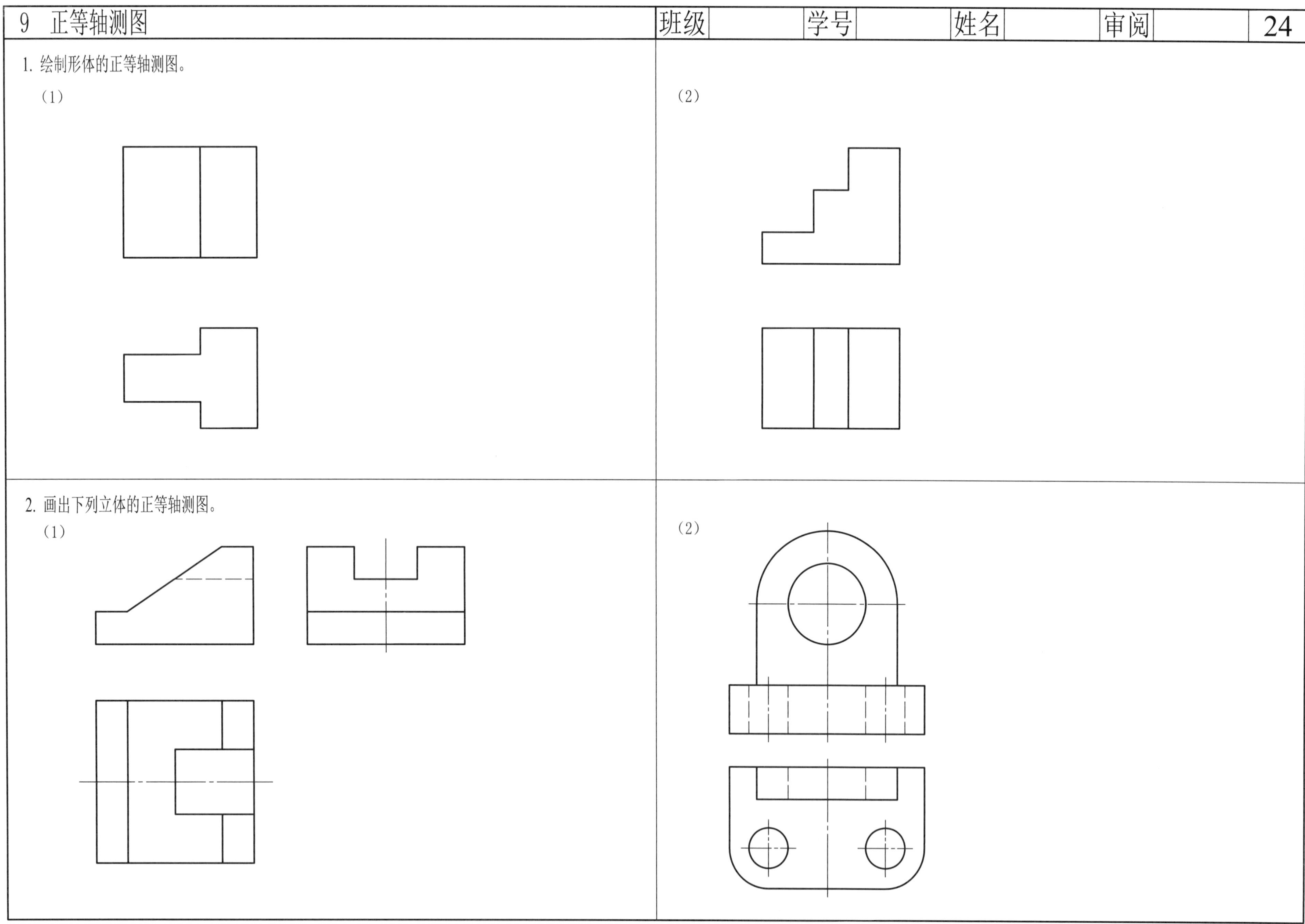
9 正等轴测图
班级
学号
姓名
审阅
24
1. 绘制形体的正等轴测图。
(1)
(2)
2. 画出下列立体的正等轴测图。
(1)
(2)

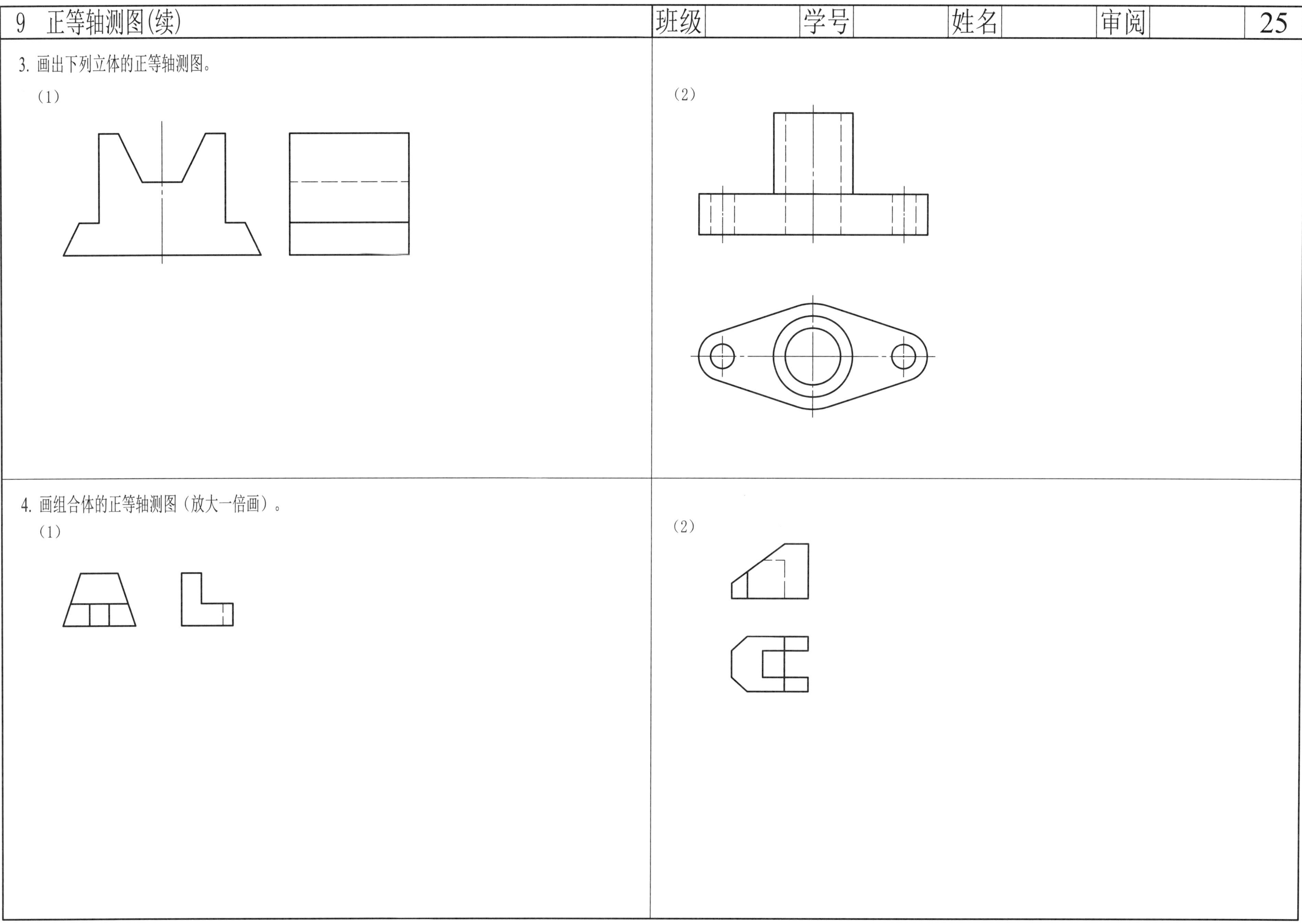

3. 画出下列立体的正等轴测图。

（1）

（2）

4. 画组合体的正等轴测图（放大一倍画）。

（1）

（2）

班级		学号		姓名		审阅	

1. 手绘下列立体的正等轴测图。

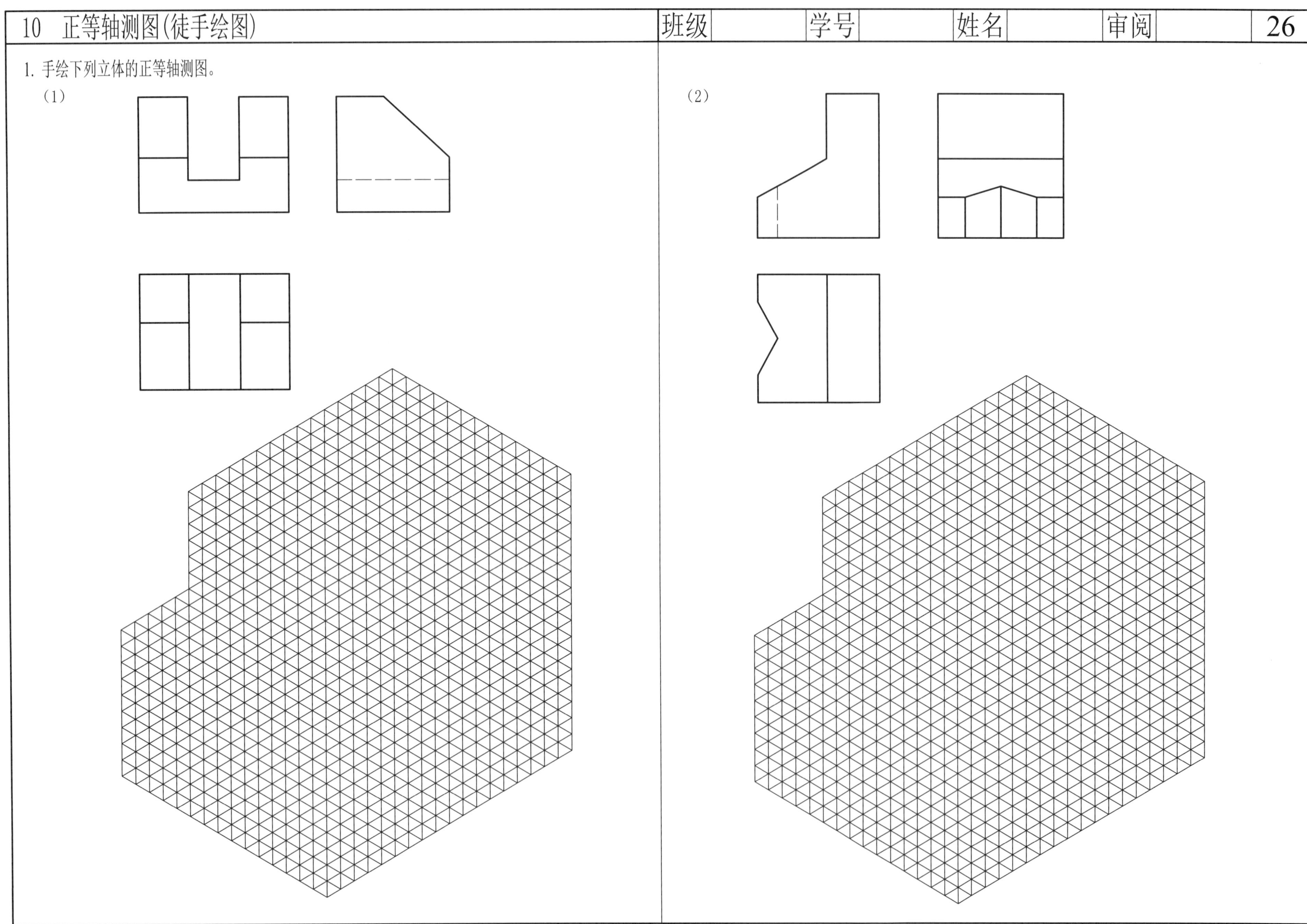

1. 分析比较各组合体的特征，补画第三视图。

（1）

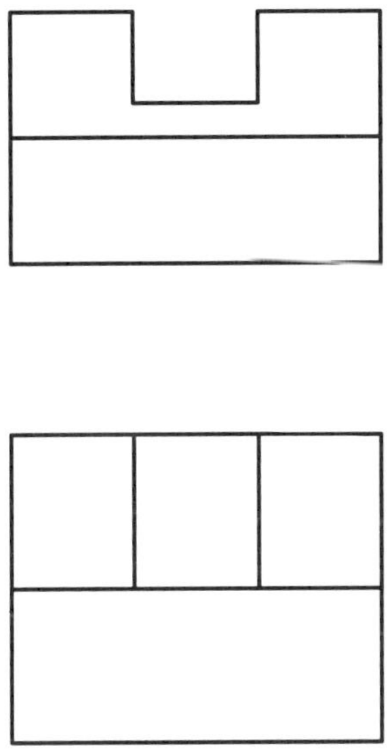

（2）

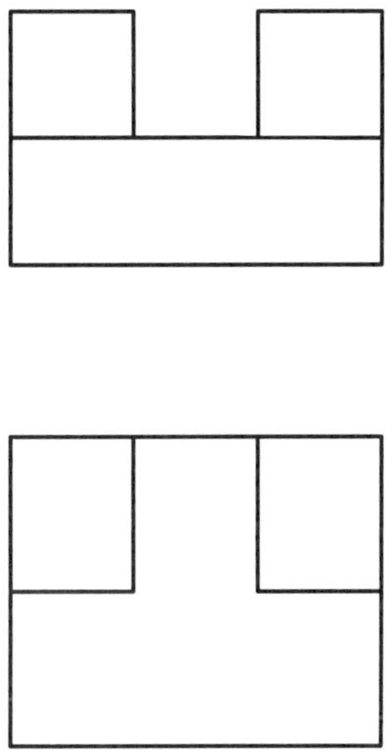

（3）

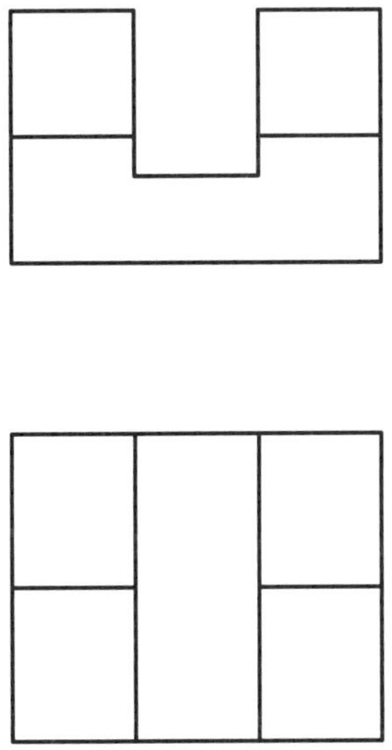

（4）

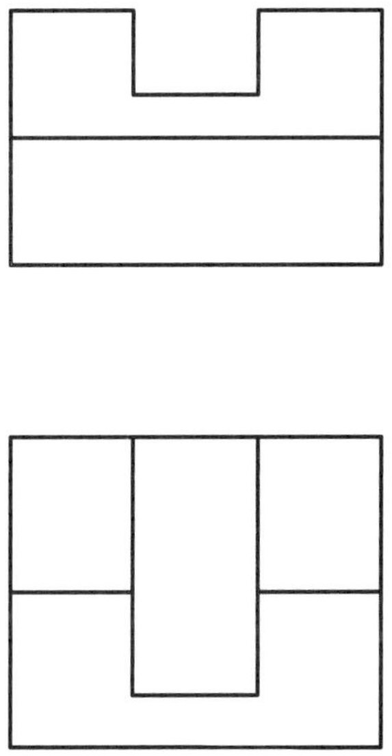

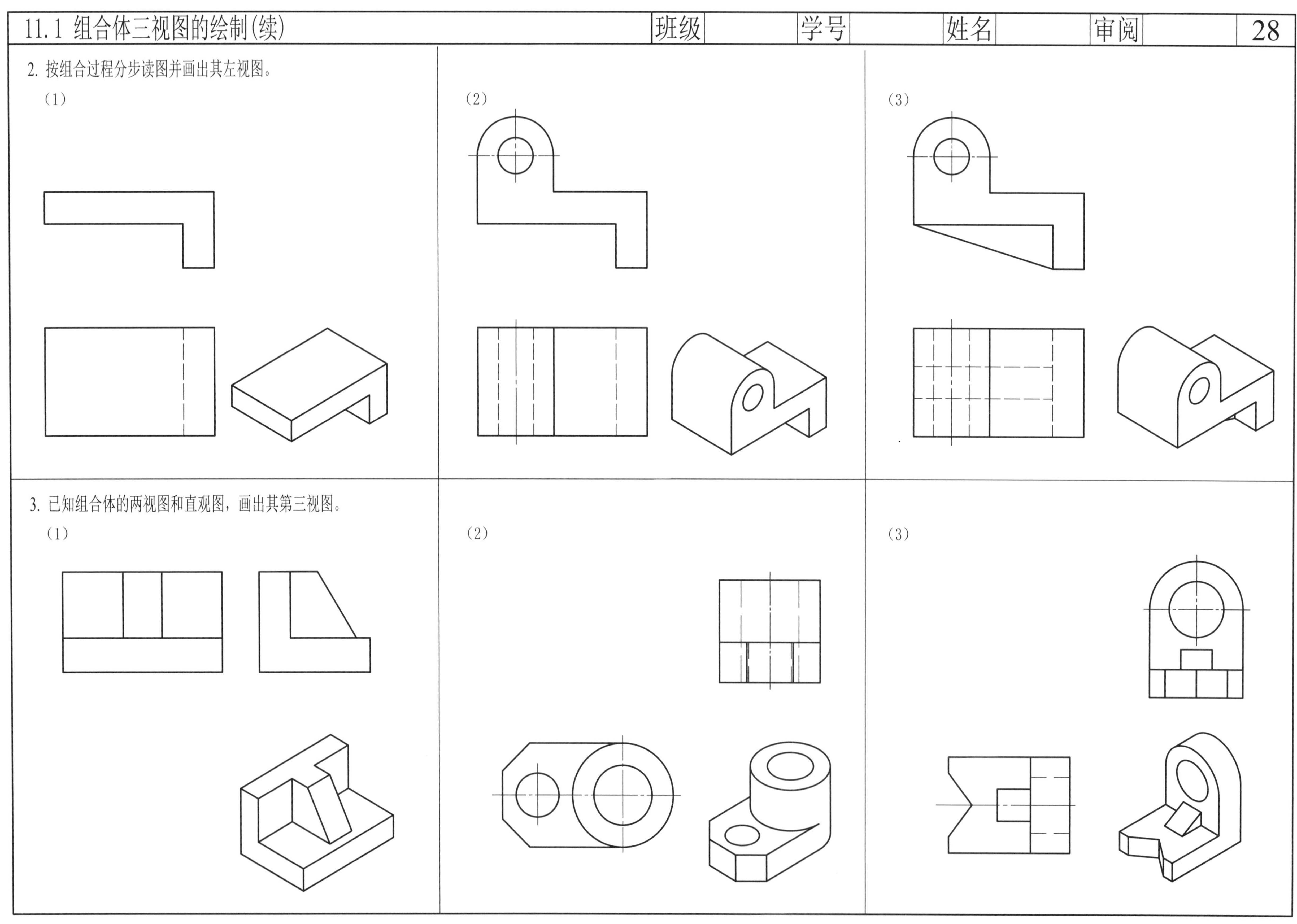
2. 按组合过程分步读图并画出其左视图。
(1)
(2)
(3)
3. 已知组合体的两视图和直观图，画出其第三视图。
(1)
(2)
(3)

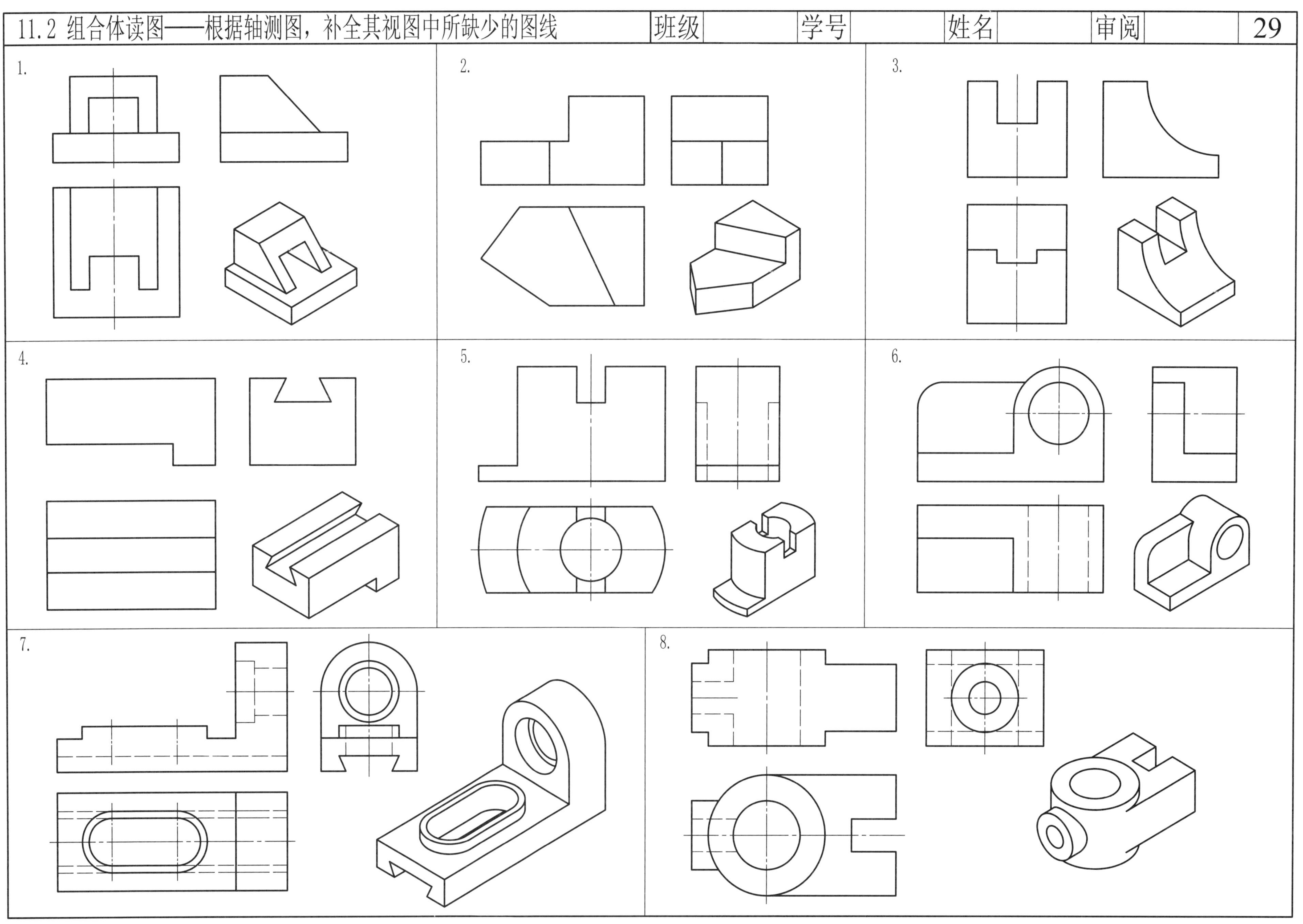

1.
2.
3.
4.
5.
6.
7.
8.

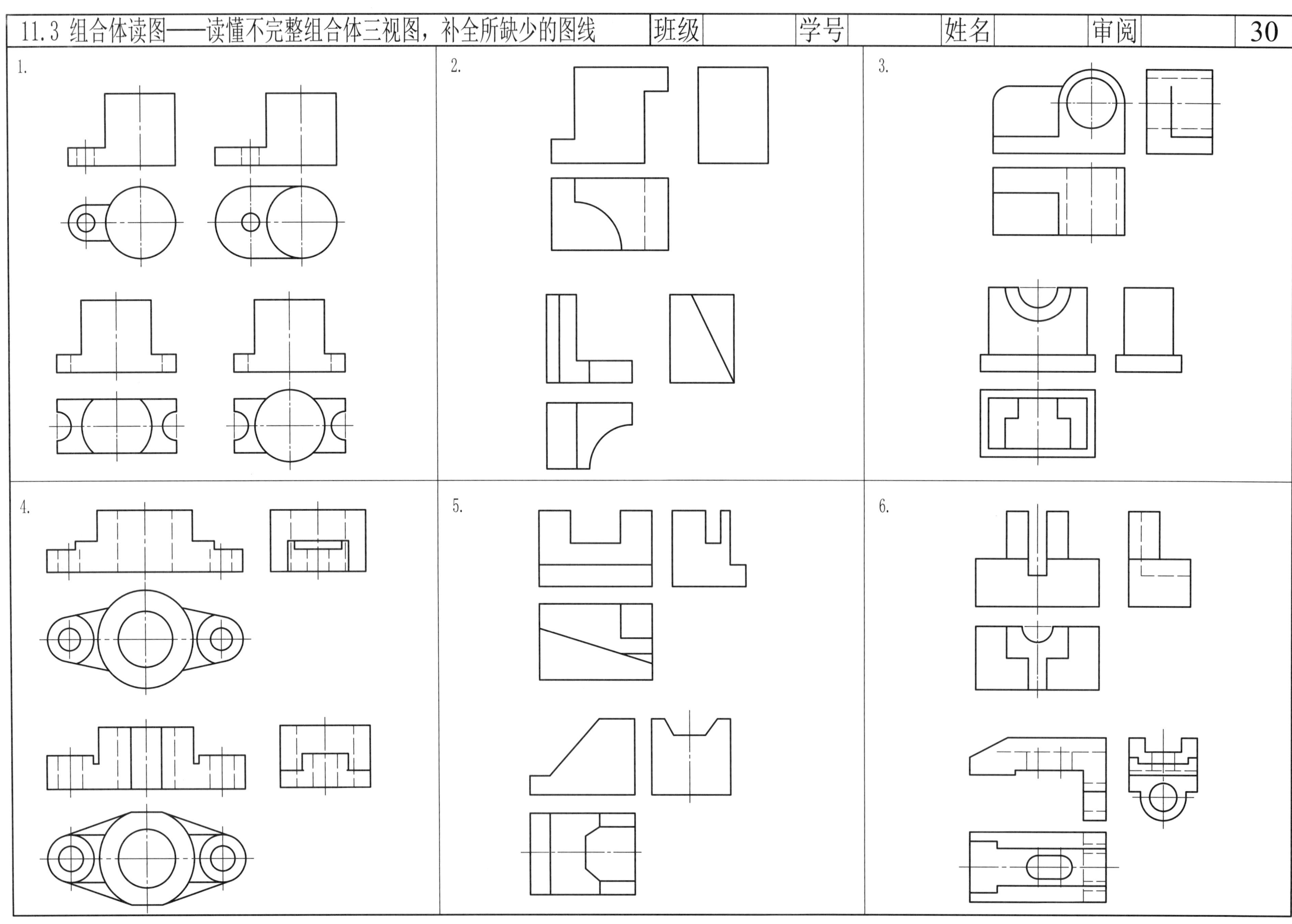

1.
2.
3.
4.
5.
6.

第二次制图作业指导——绘制组合体三视图

一、目的、内容与要求

1. 目的、内容：进一步理解与巩固“物”与“图”之间的对应关系，运用形体分析法，根据立体图（或模型）绘制组合体的三视图并标注尺寸。

2. 要求：完整地表达组合体的内外形状。标注尺寸要完整、清晰并符合国家标准。

二、作业内容

1. 图名：组合体。
2. 图幅：A3图纸。
3. 图号：02-01。
4. 比例：1∶1。
5. 材料：HT150。

三、绘图步骤及注意事项

1. 对所绘组合体进行形体分析，选择主视图，按立体图所注尺寸布置三视图（视图之间预留标注尺寸的位置），画出各视图的中心线、轴线和底面（顶面）位置线。

2. 逐步画出组合体的三视图（注意表面连接的画法）。

3. 标注尺寸时应重新考虑视图上尺寸的配置，以尺寸完整、符合标准、配置适当为原则。

4. 完成底稿，经仔细校验后，再对图线加深、加粗。

5. 要求图面保持洁净。

1.

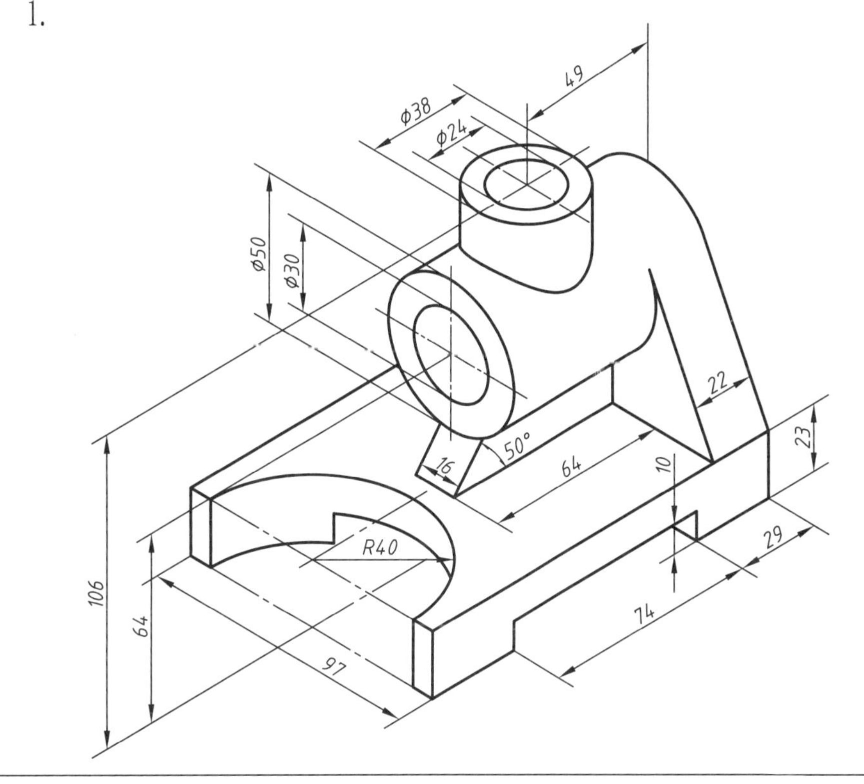

2.

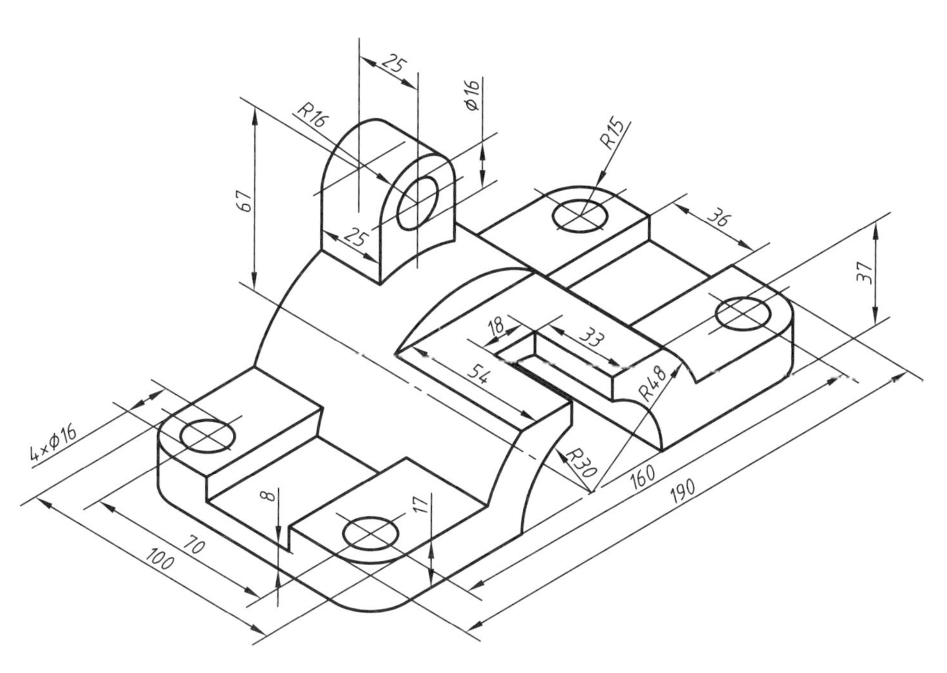

3.

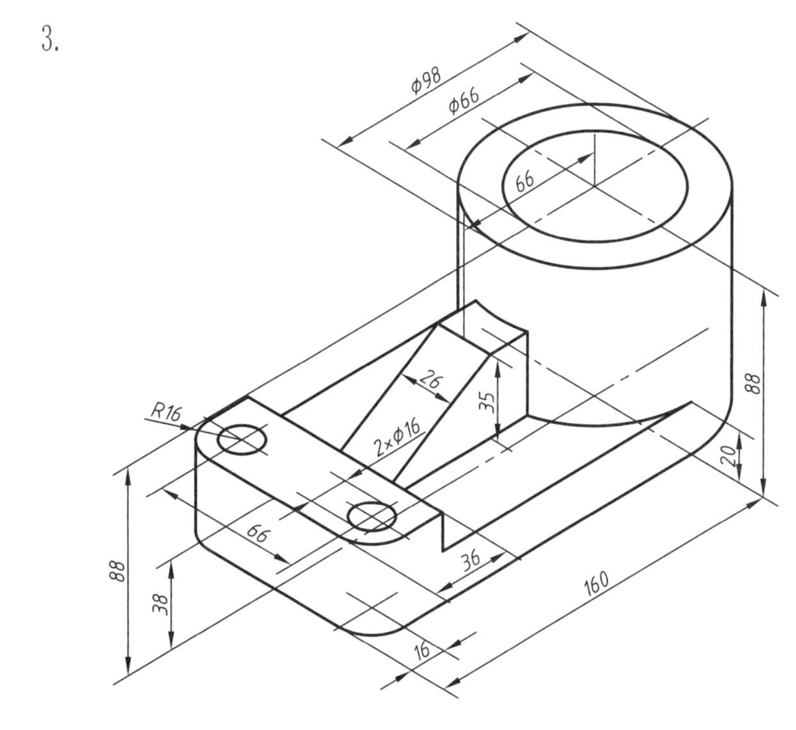

4.

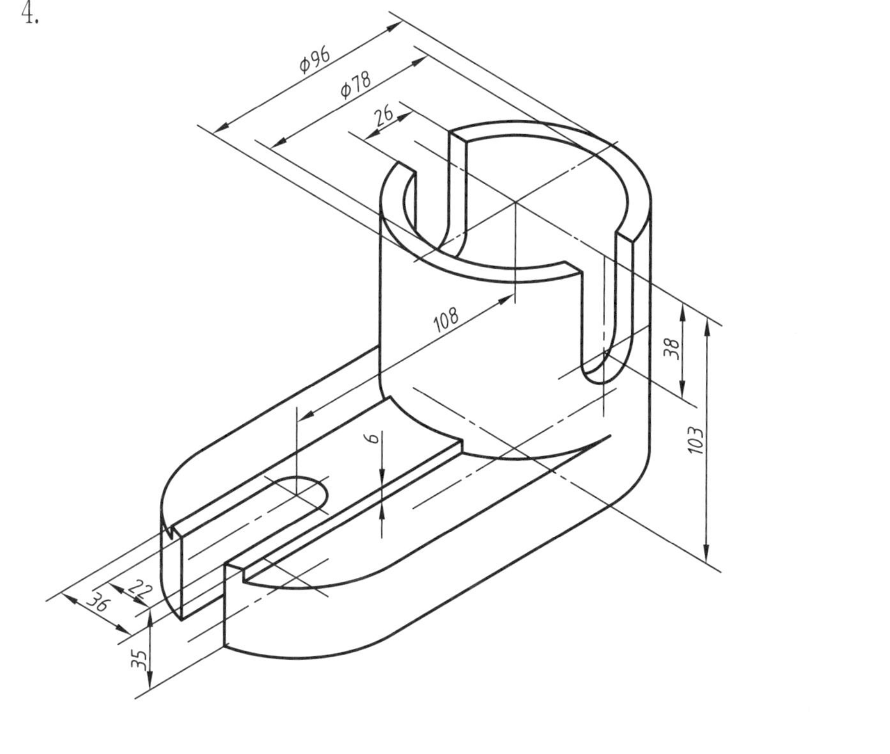

1. 组合体的尺寸标注（尺寸数字从图中按 1 ∶ 1 直接量取，并取整）。

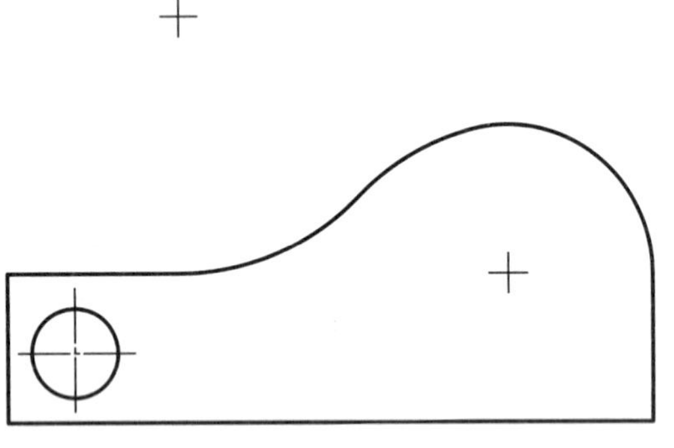

2. 组合体的尺寸标注（尺寸数字从图中按 1 ∶ 1 直接量取，并取整）。

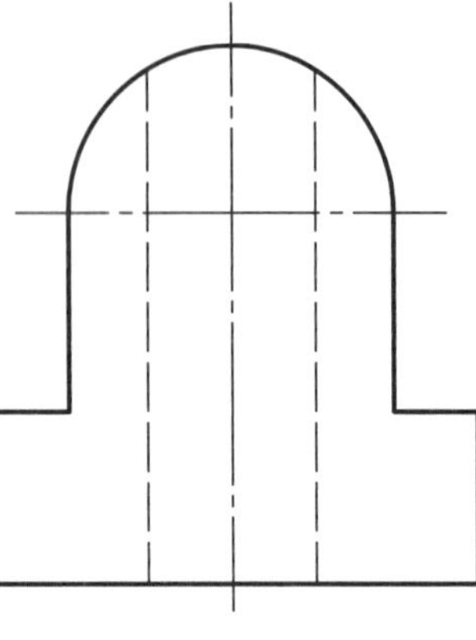

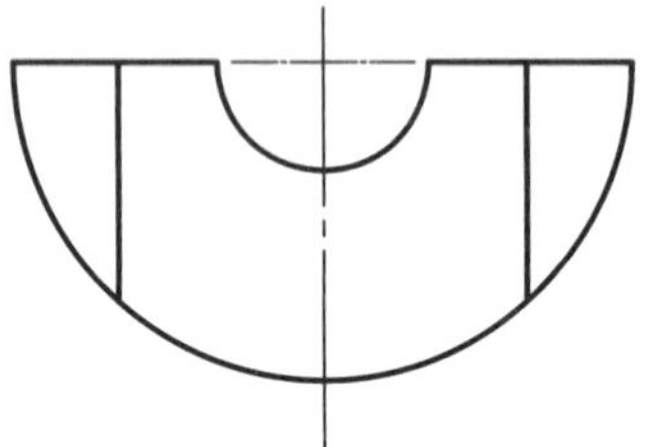

3. 组合体的尺寸标注（尺寸数字从图中按 1 ∶ 1 直接量取，并取整）。

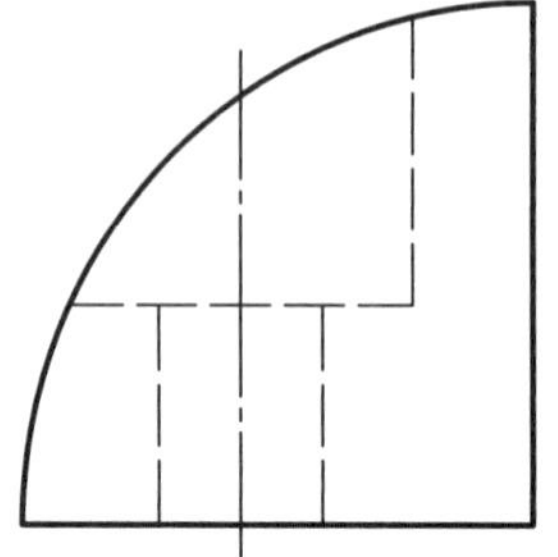

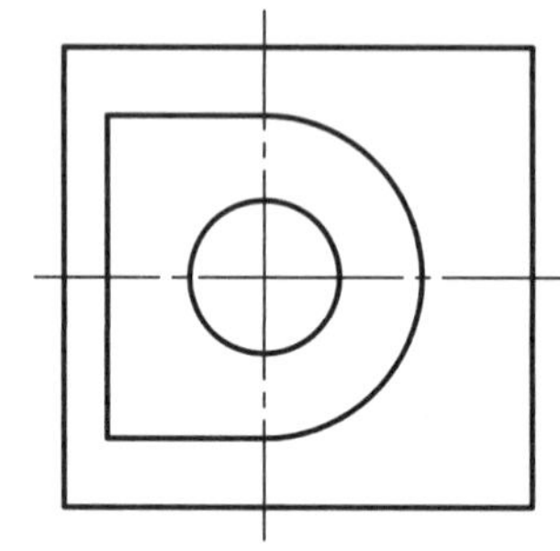

4. 组合体的尺寸标注（尺寸数字从图中按 1 ∶ 1 直接量取，并取整）。

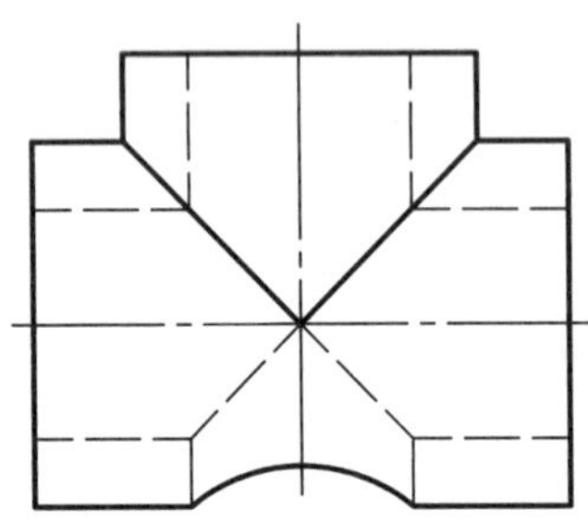

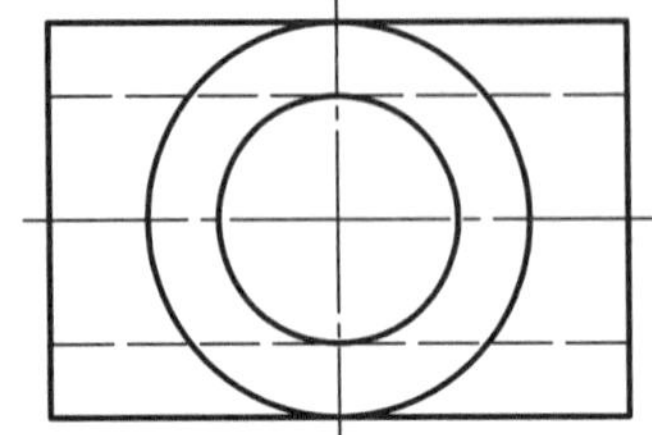

5. 组合体的尺寸标注（尺寸数字从图中按 1 ∶ 1 直接量取，并取整）。

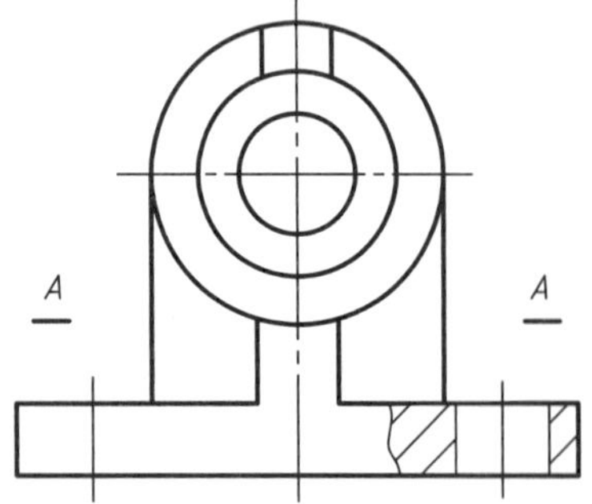

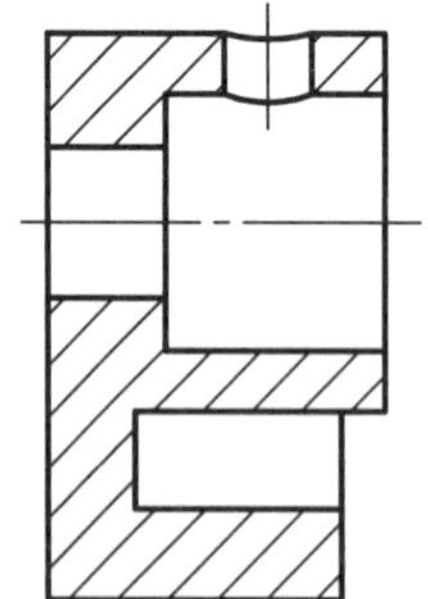

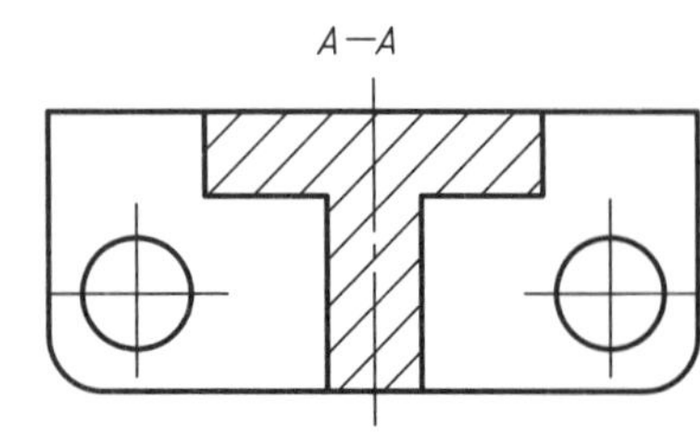

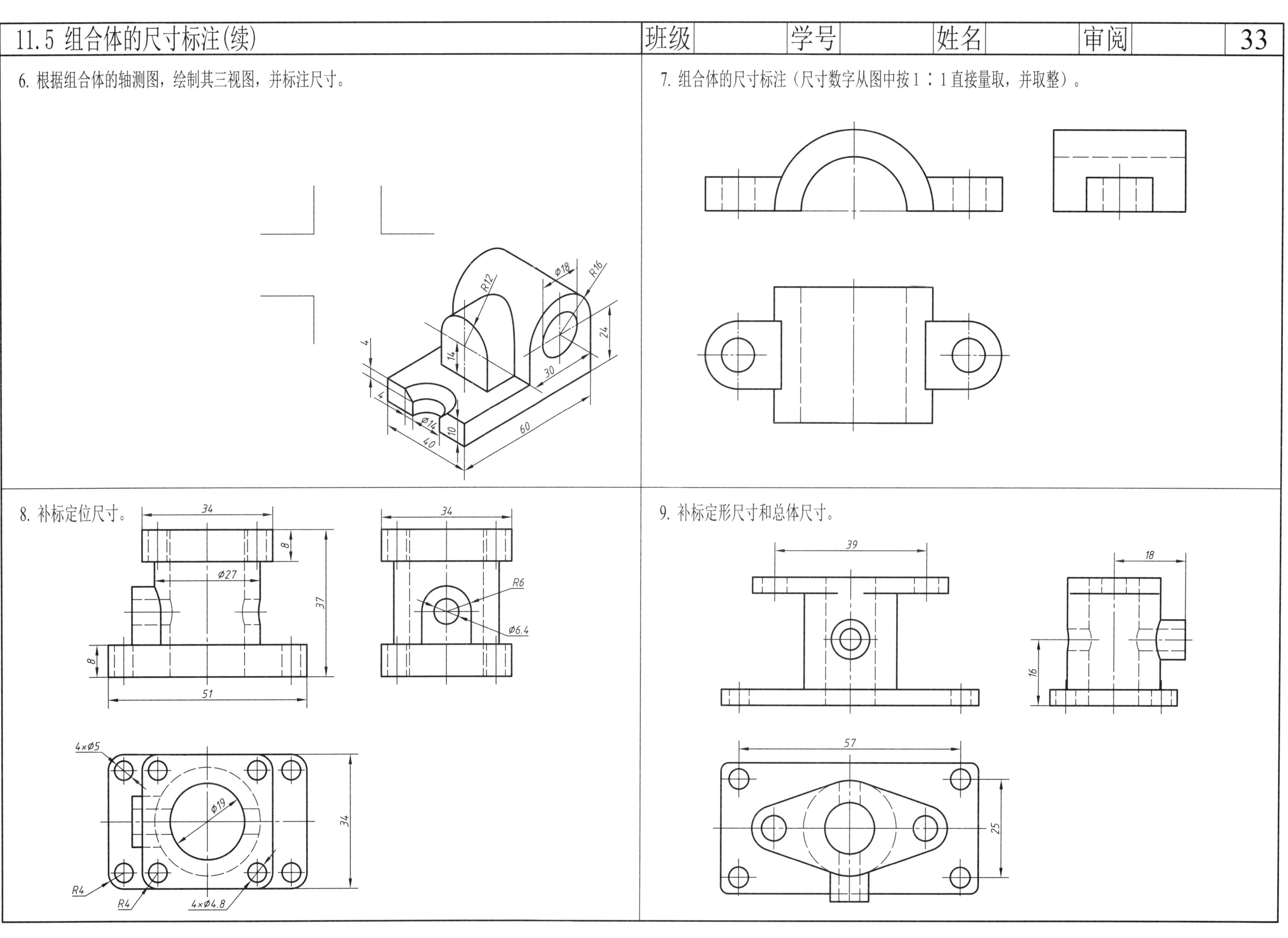
6. 根据组合体的轴测图，绘制其三视图，并标注尺寸。
R12
Φ18
R16
24
14
30
4
4
Φ14
10
40
60
7. 组合体的尺寸标注（尺寸数字从图中按1∶1直接量取，并取整）。
8. 补标定位尺寸。
34
8
Φ27
37
8
51
34
R6
Φ6.4
4×Φ5
Φ19
34
R4
R4
4×Φ4.8
9. 补标定形尺寸和总体尺寸。
39
18
16
57
25

10. 改正不符合基本规则的尺寸注写方法，补全漏注的尺寸，划掉多余尺寸。

(a)

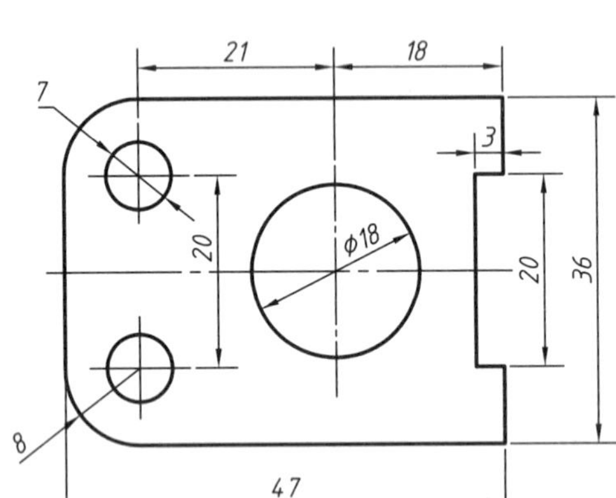

(b)

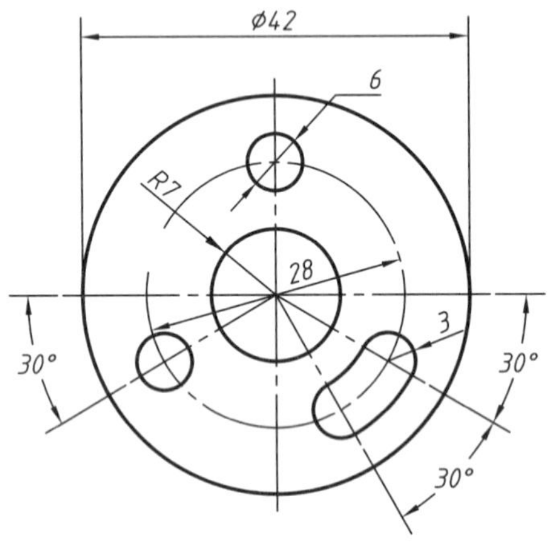

11. 改正不符合基本规则的尺寸注写方法，补全漏注的尺寸，划掉多余尺寸。

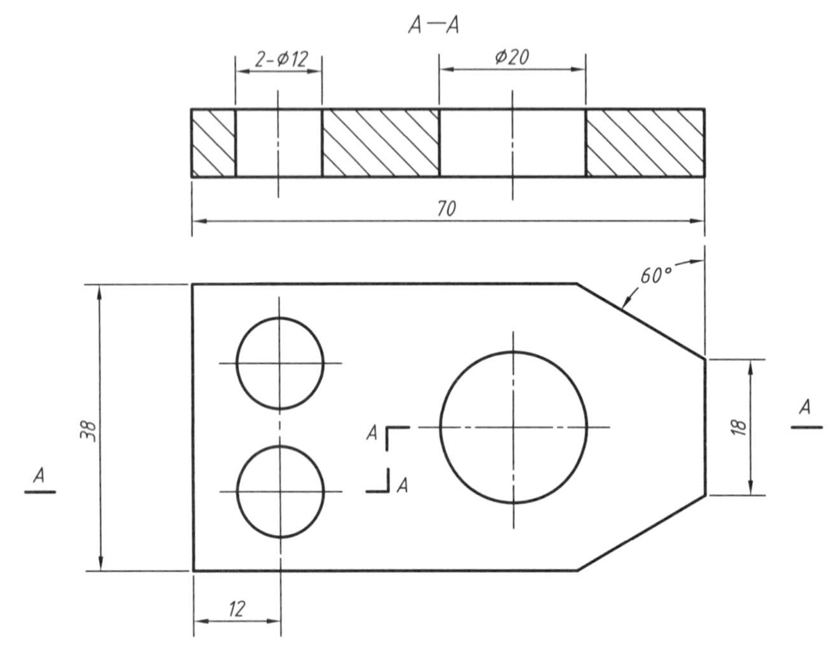

12. 改正不符合基本规则的尺寸注写方法，补全漏注的尺寸，划掉多余尺寸。

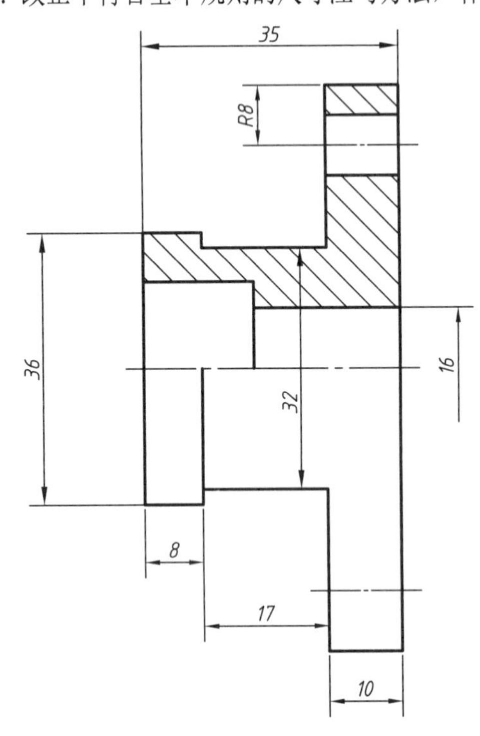

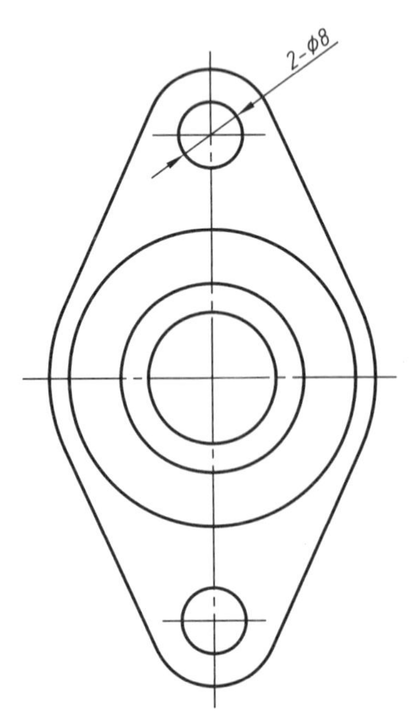

13. 标注组合体的尺寸（数值从图上按1∶1量取）。

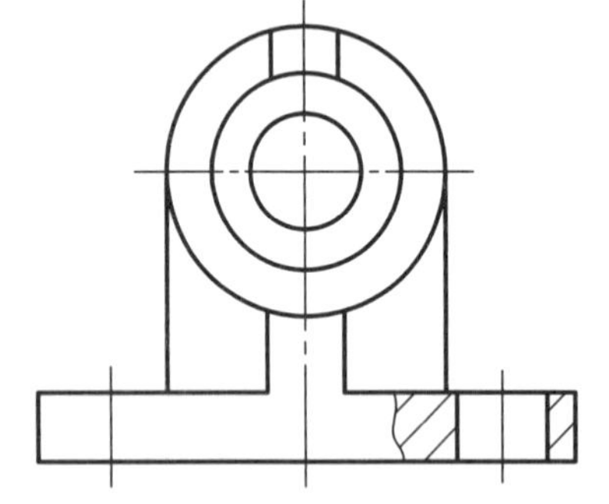

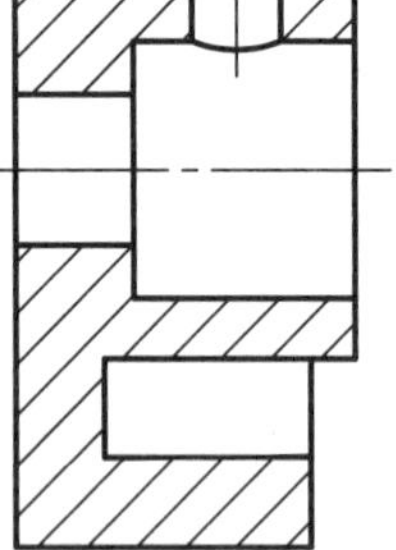

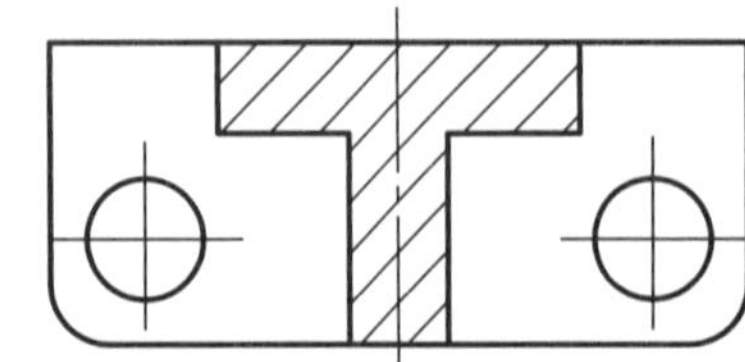

1. 根据主、俯、左三视图及标注的视图方向，在指定位置画出对应的向视图。

2. 参考轴测图和主视图，在指定位置分别画出A、B、C向的局部视图。

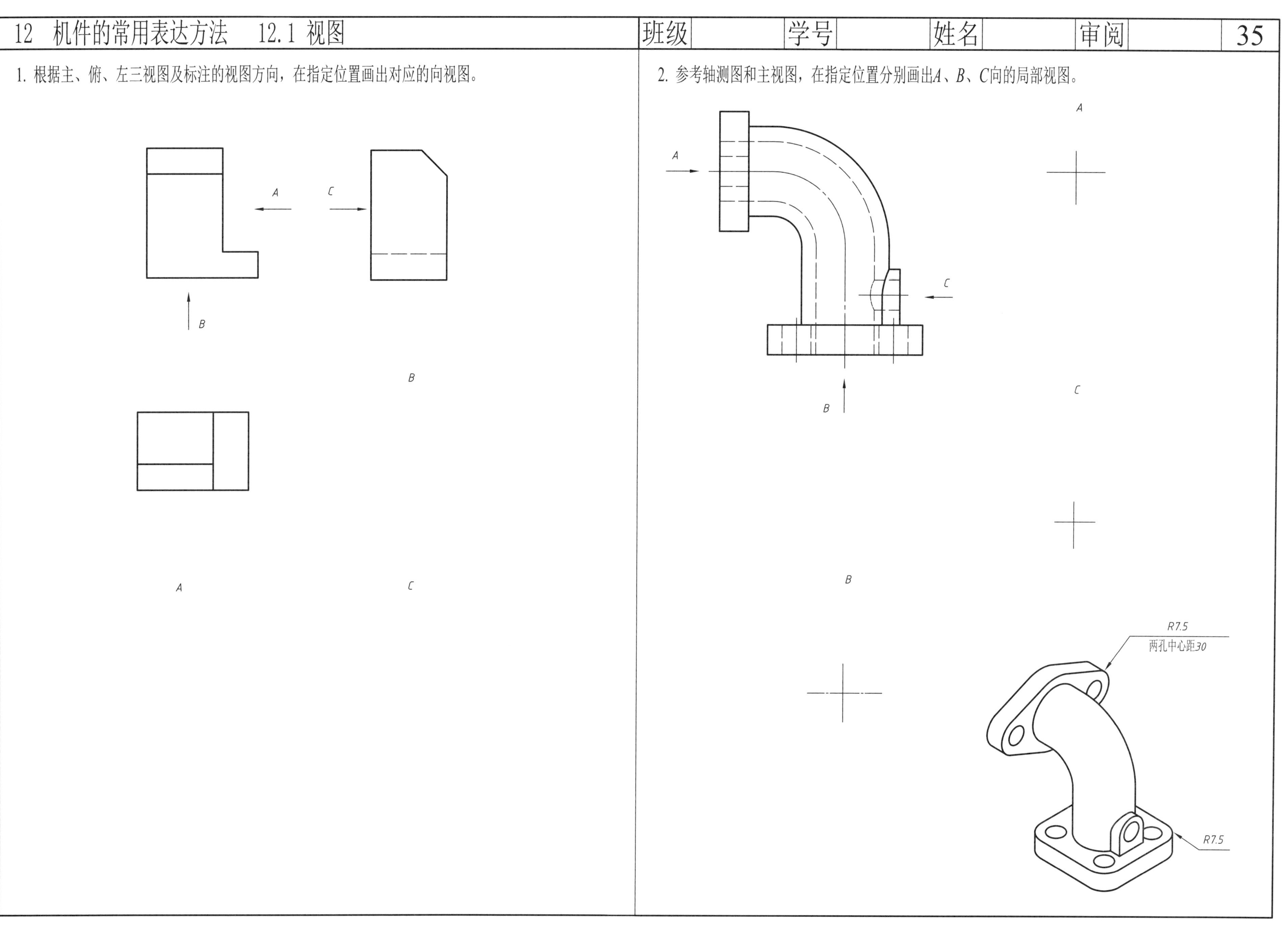

3. 组合体的形状如下图（a）所示，为简化画图和标注尺寸，请在图（b）中画出反映斜面实形的A向视图，并作标注。

4. 组合体的形状如下图（a）所示，为简化画图和标注尺寸，请在图（b）中画出必要的斜视图（应标注）表示该组合体。

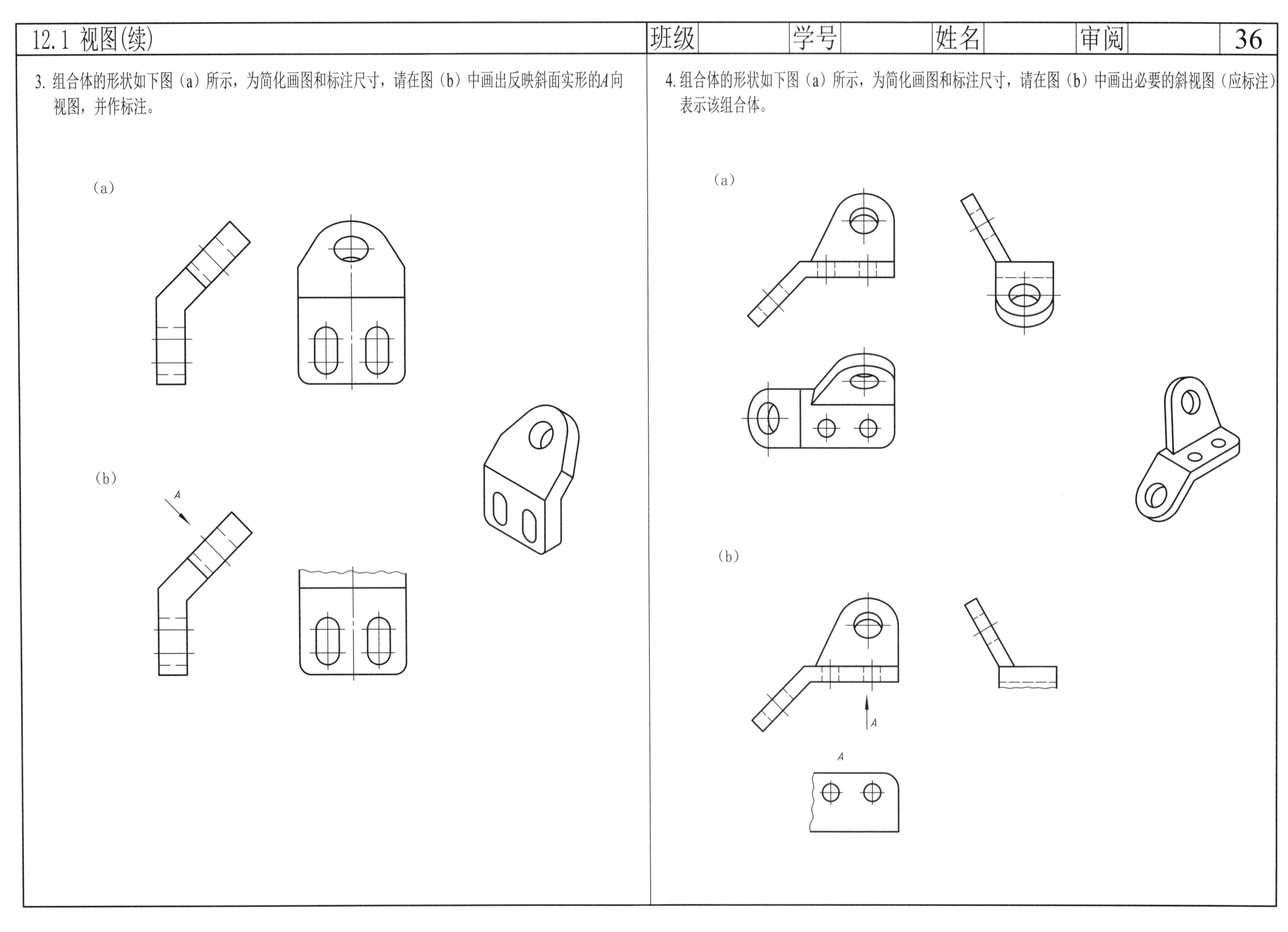

1. 补画剖视图中所缺的图线。

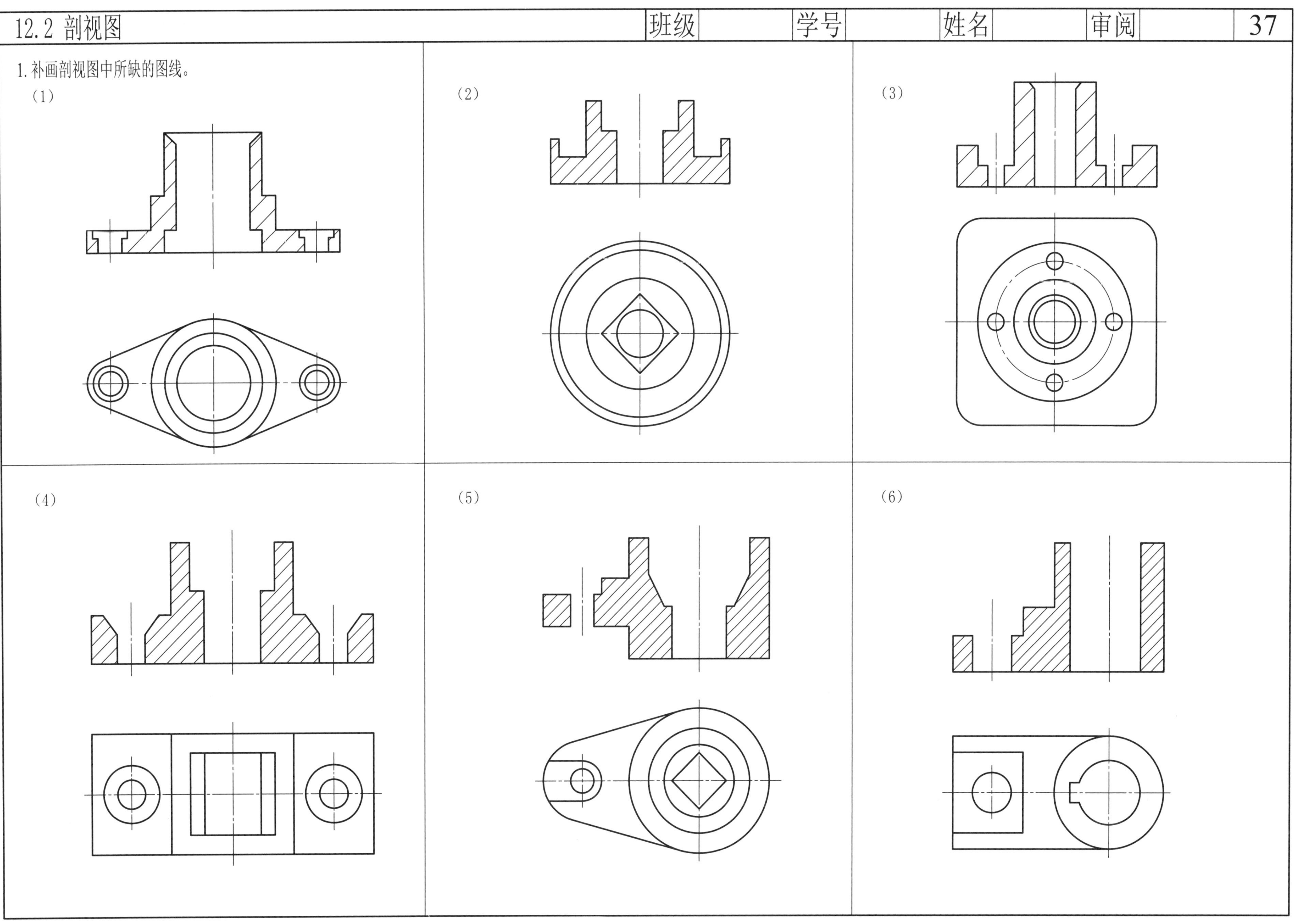

2. 在中间空白位置将形体的主视图改画为全剖视图。

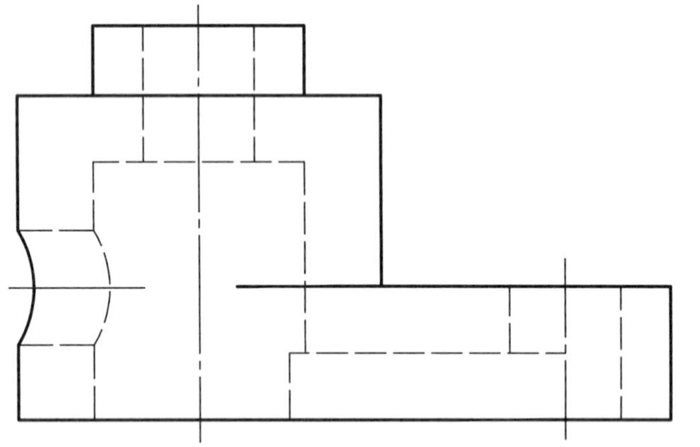

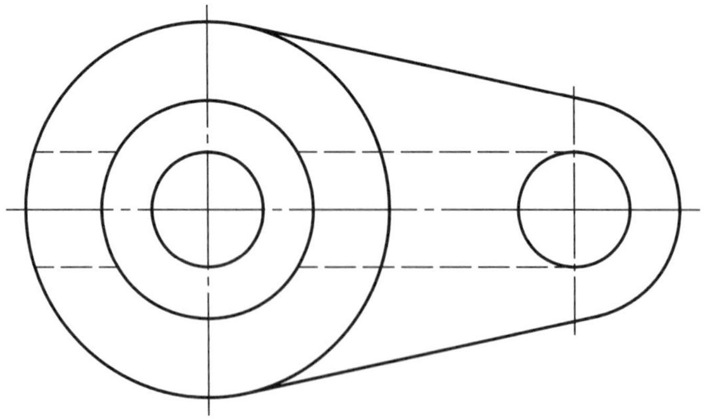

3. 补画出全剖左视图。

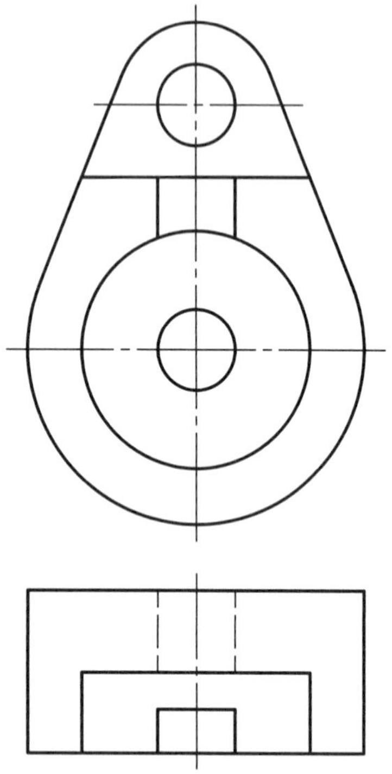

4. 作主视图（全剖视）。

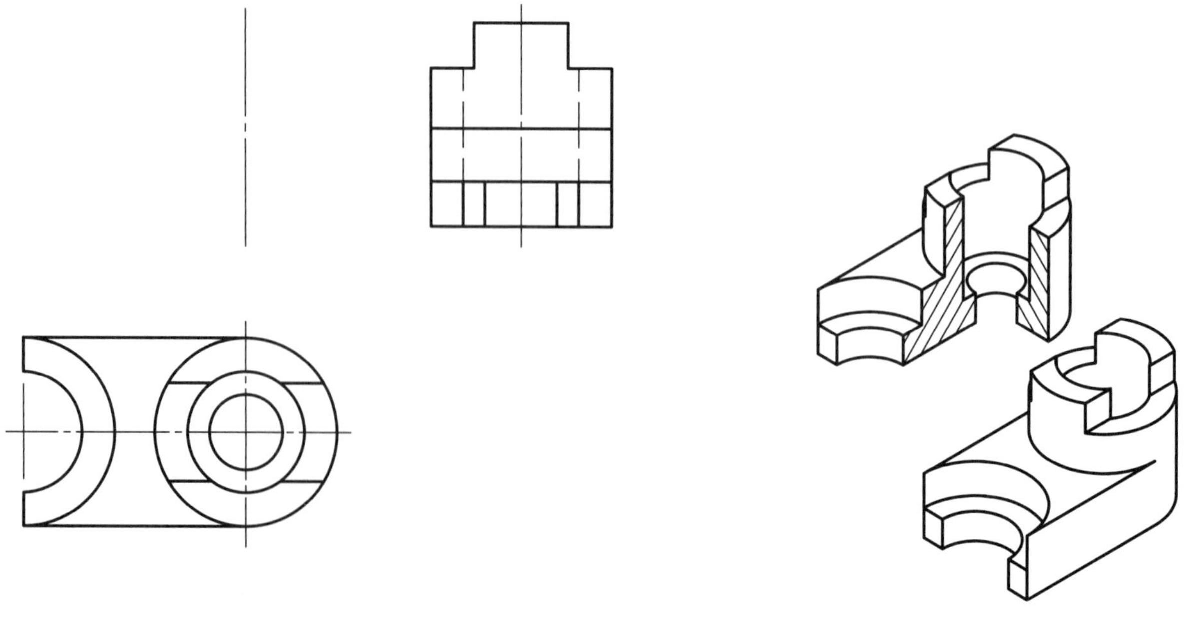

5. 在中间空白位置将形体的主视图改画为半剖视图。

(1)

(2)

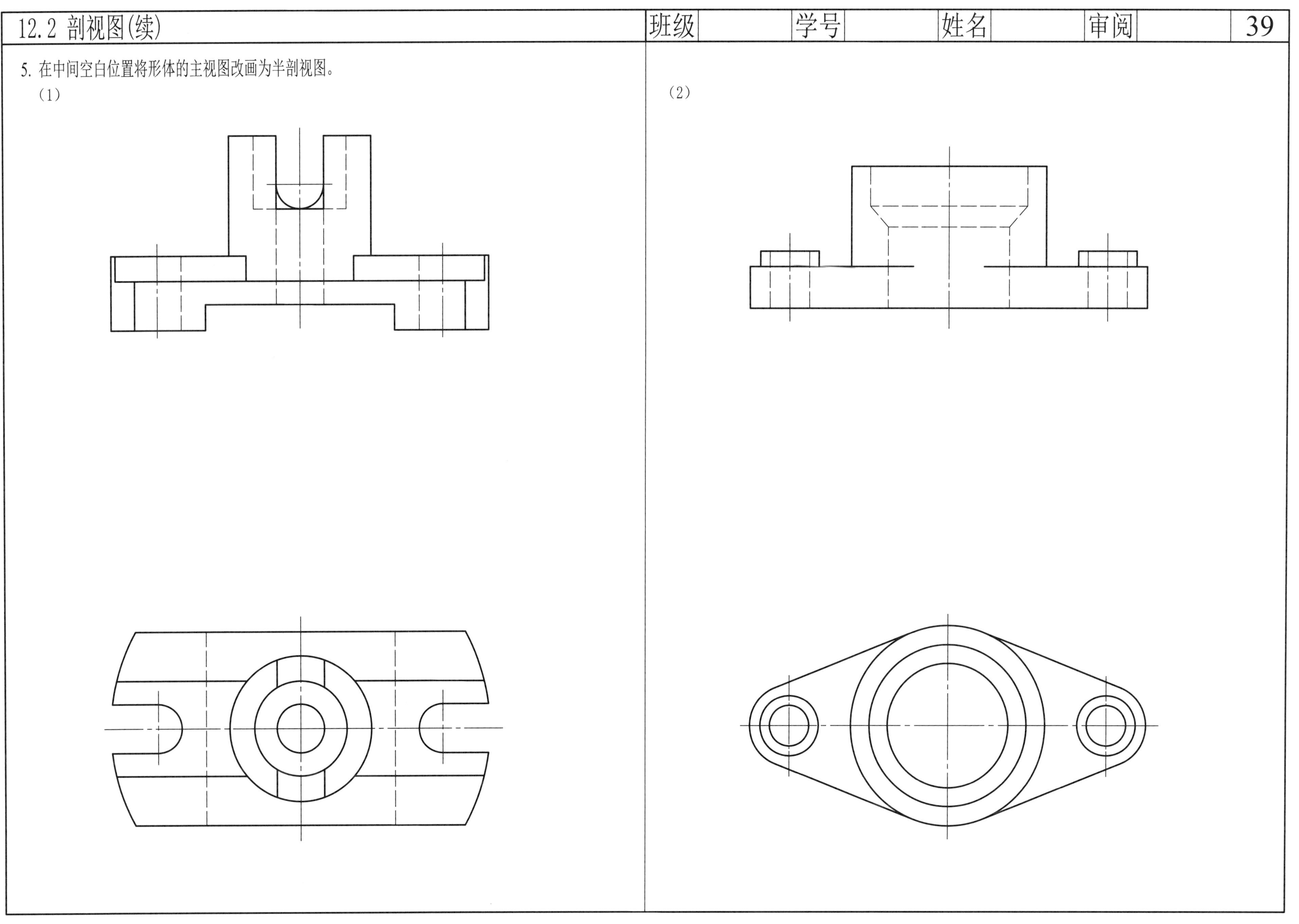

6. 在中间空白位置将形体的主视图改画为半剖视图。

7. 改正下列剖视图中的错误，少线处补线，多线处在其上打上“×”。

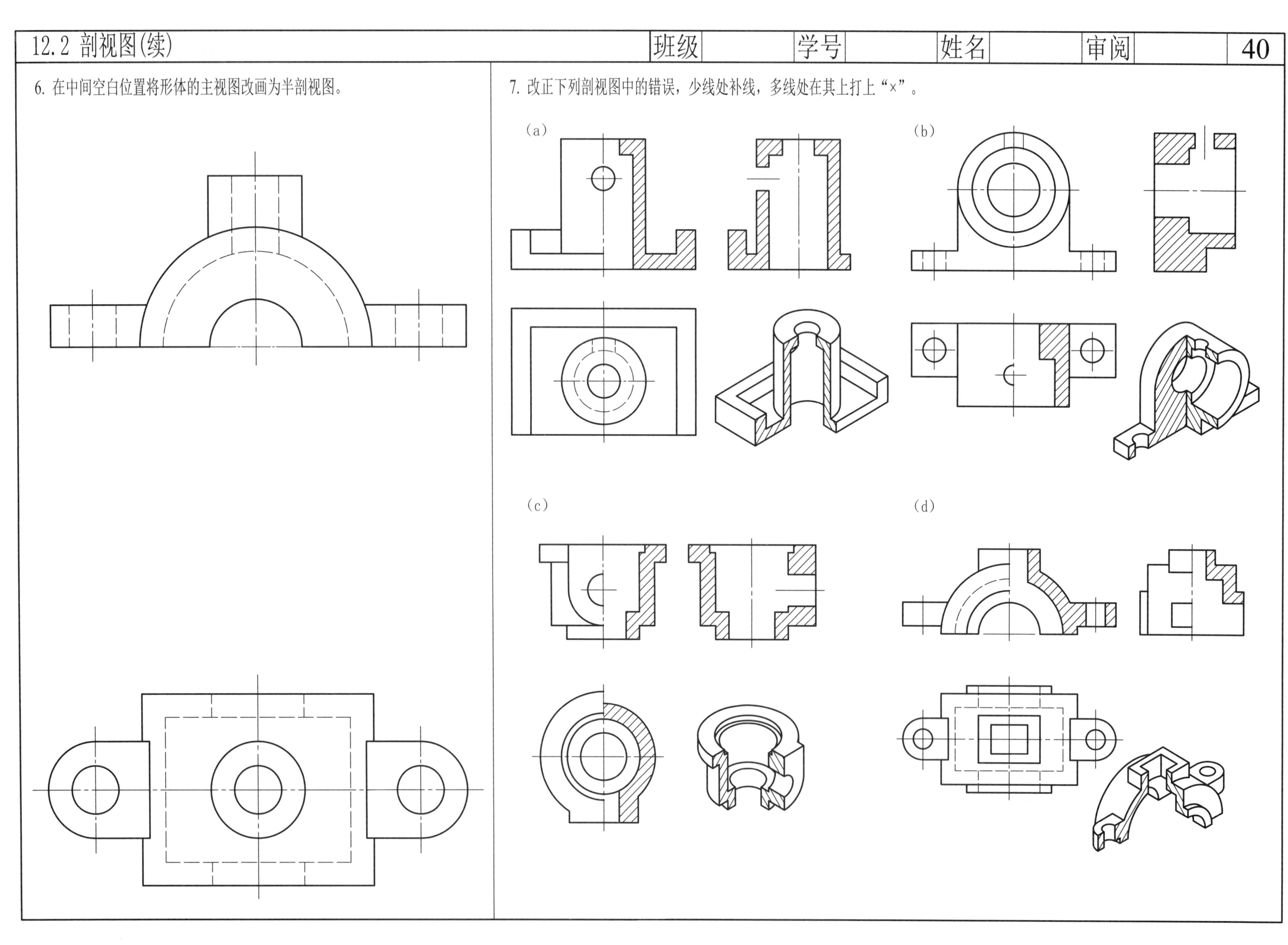

8. 根据所给轴测图和俯视图，作出主、左视图，并在主、左视图上取合适的剖视（高度方向的尺寸按1∶1比例在轴测图上量取，底板上的四个孔为通孔）。

9. 在中间指定位置将主视图改画为局部剖视图。

10. 在右侧指定位置将主视图改画为局部剖视图。

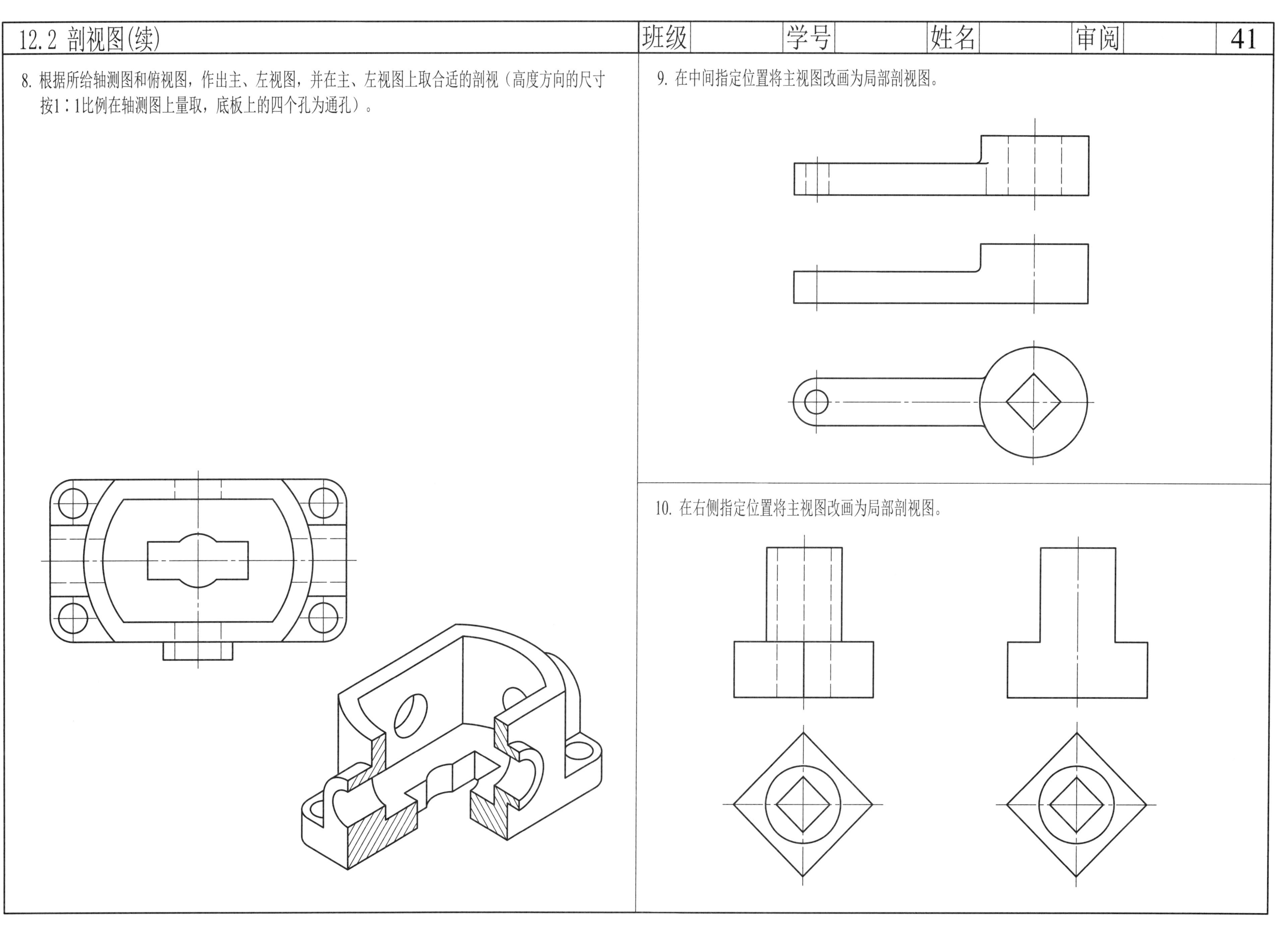

11. 分析图中错误，不正确处用“×”符号标记，在指定位置作出正确的局部剖视图。

12. 改正剖视图上所画的波浪线的错误。

13. 作主视图并在其上取适当的局部剖视。

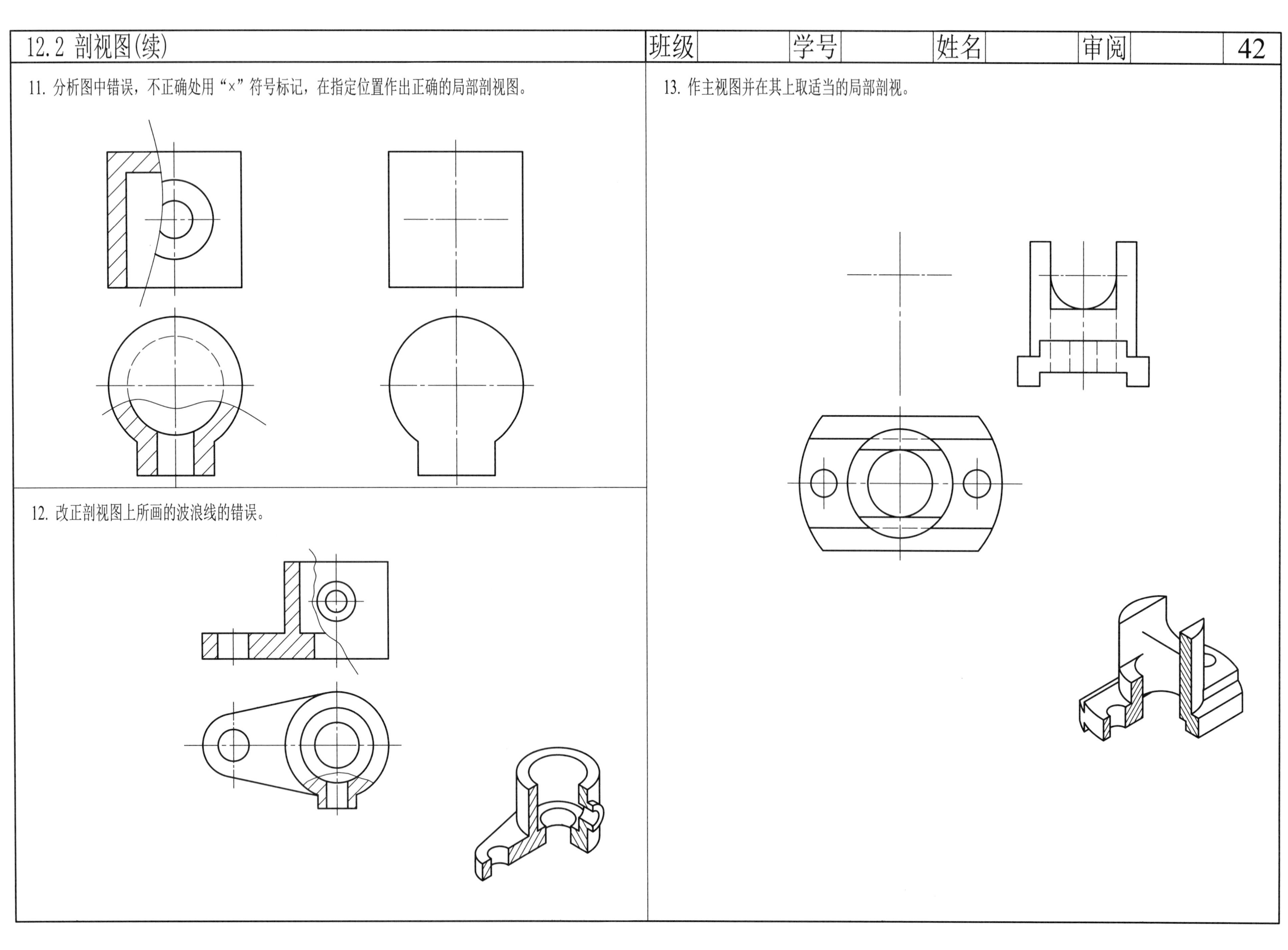

14. 按给定的剖切位置在中间指定位置把主视图画成全剖视图。

(1)

(2)

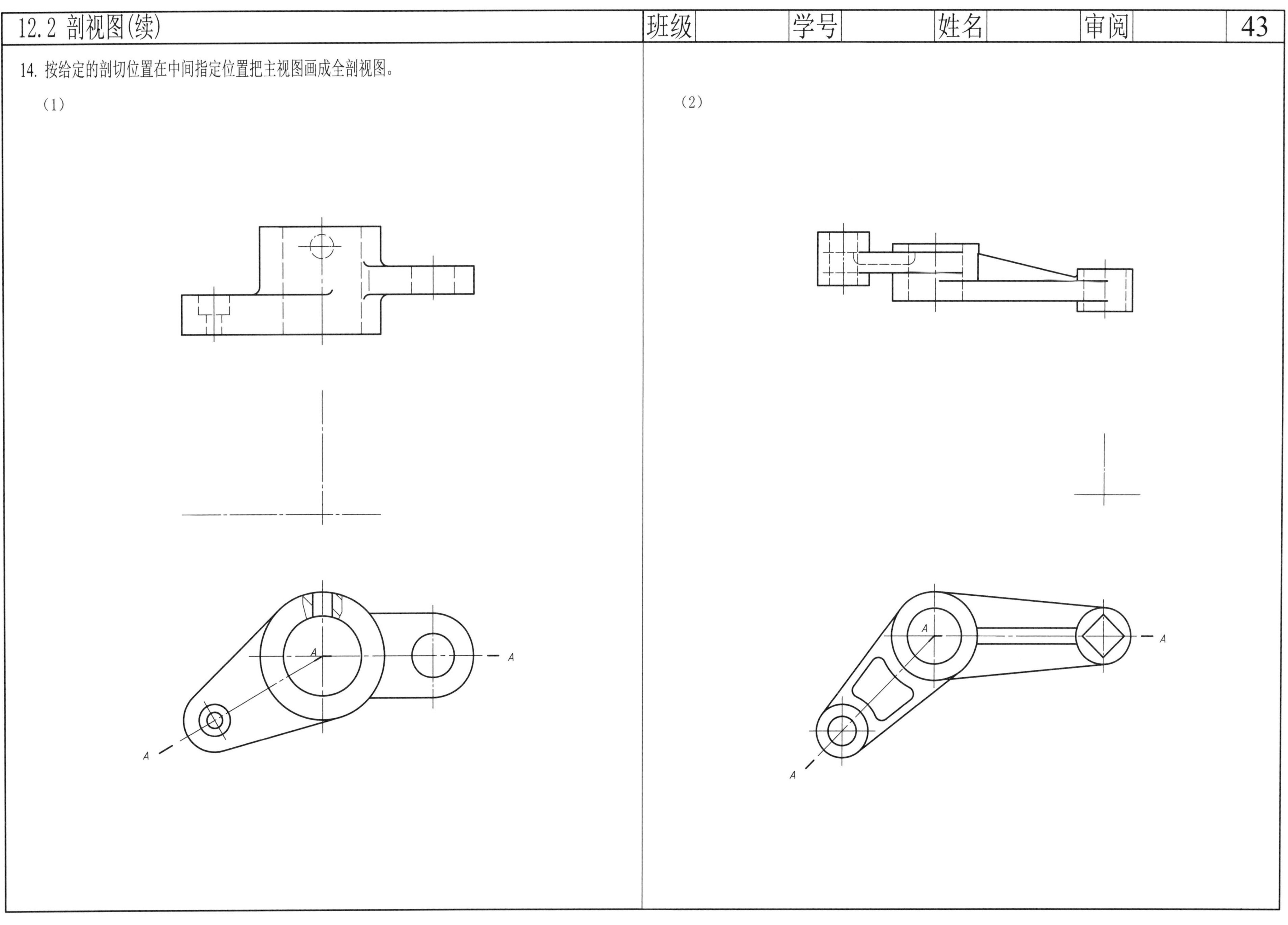

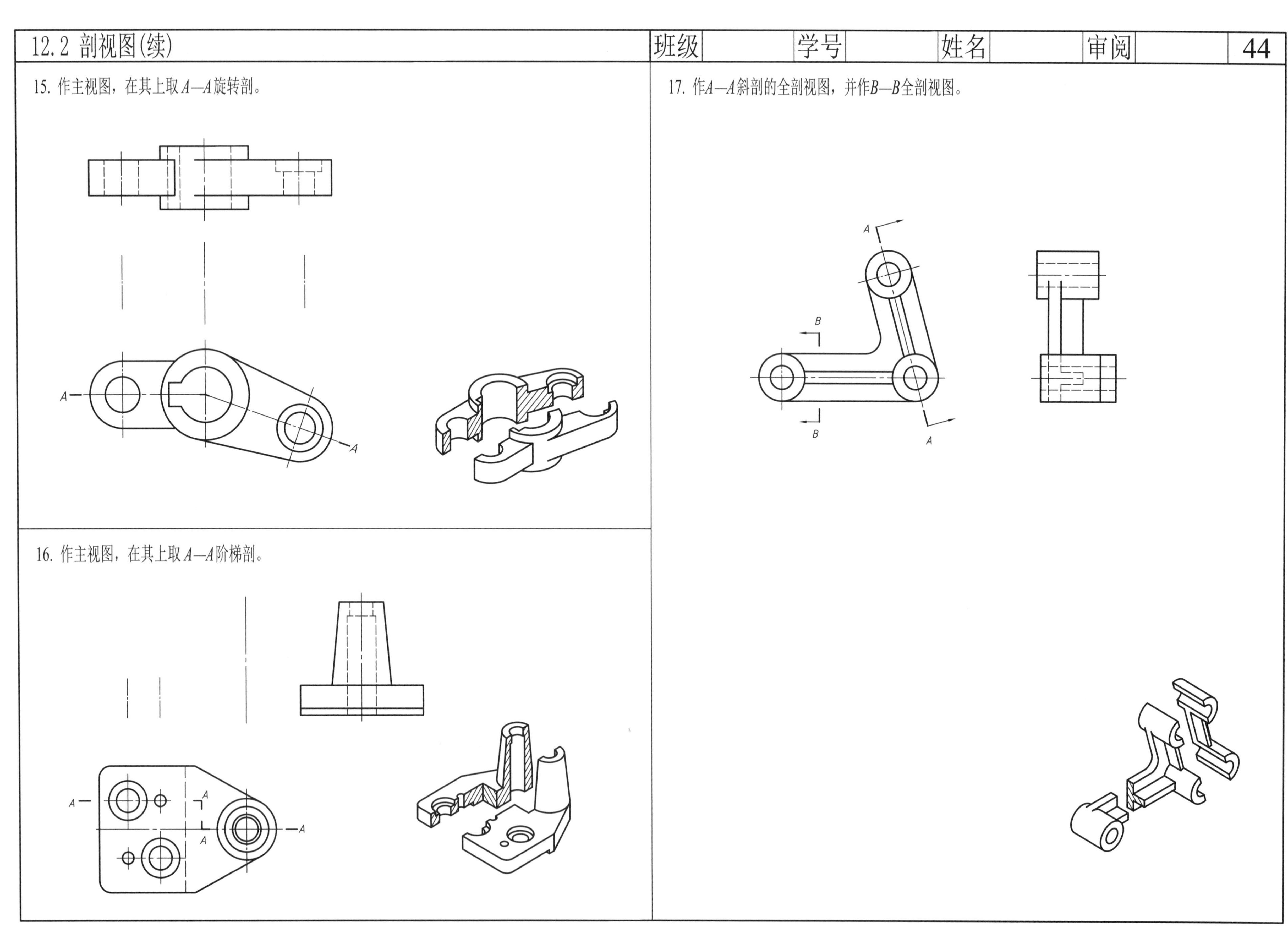

15. 作主视图，在其上取*A—A*旋转剖。

16. 作主视图，在其上取*A—A*阶梯剖。

17. 作*A—A*斜剖的全剖视图，并作*B—B*全剖视图。

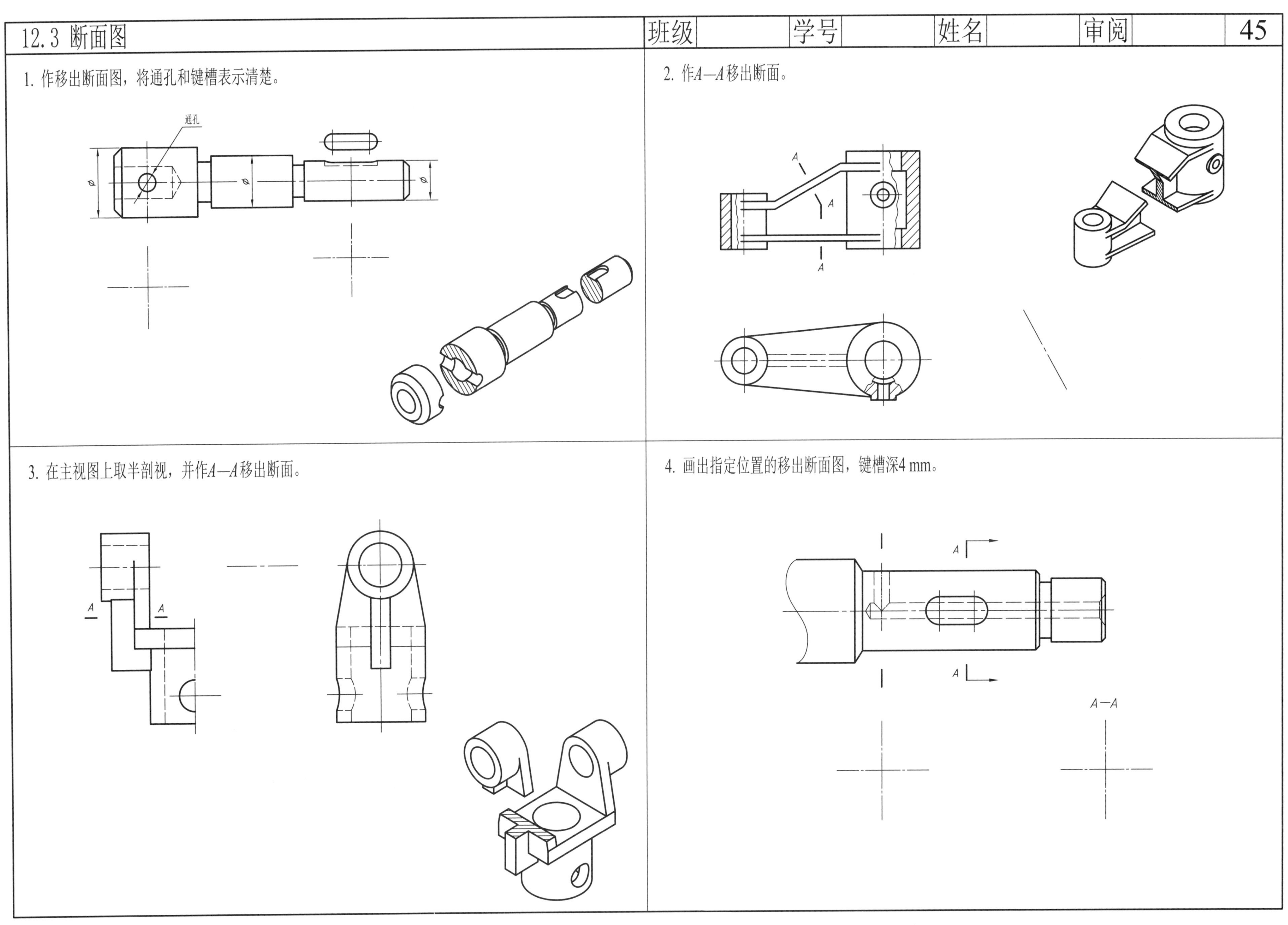
1. 作移出断面图，将通孔和键槽表示清楚。
通孔
2. 作A—A移出断面。
A
A
A
3. 在主视图上取半剖视，并作A—A移出断面。
A
A
4. 画出指定位置的移出断面图，键槽深4 mm。
A
A
A—A

第三次制图作业指导——图样画法作业指导

一、作业目的

1. 学习机件工作图的剖视表达方法和技能。
2. 更深入掌握形体分析方法，了解机件工作图的表达特点。

二、作业内容

1. 图名：剖视图。
2. 图幅：A3图纸。
3. 图号：03-01。
4. 比例：1∶1。
5. 材料：HT150。

三、作业要求

1. 机件的剖视表达必须完整、清晰。
2. 尺寸标注要完全、合理、清晰。
3. 视图布局要匀称，线型规范、字体工整。
4. 剖视图中的剖切符号、标记严格按规定绘制书写。

四、作业指导

1. 分题由教师指定。
2. 正确选用剖面符号及其规定画法。

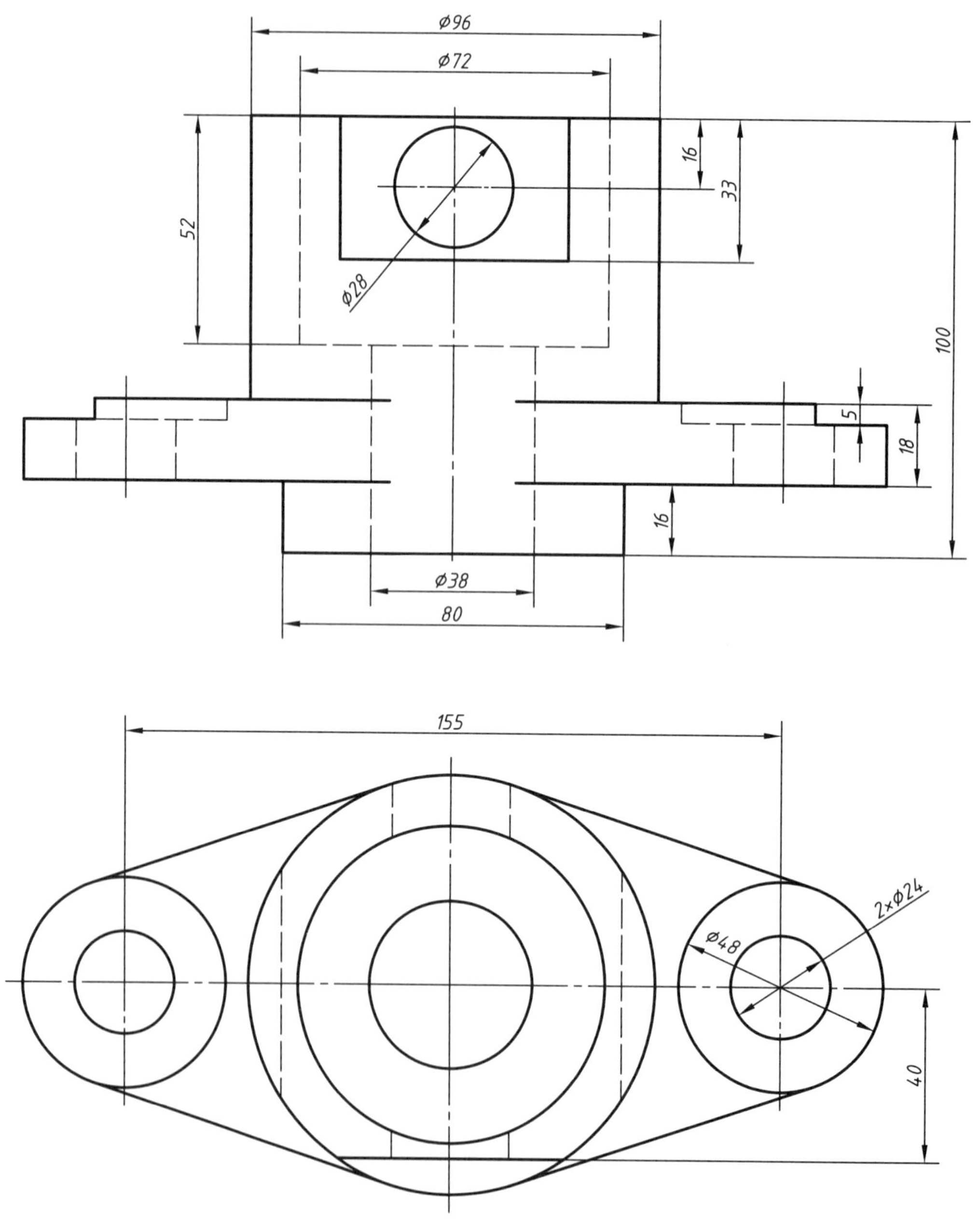

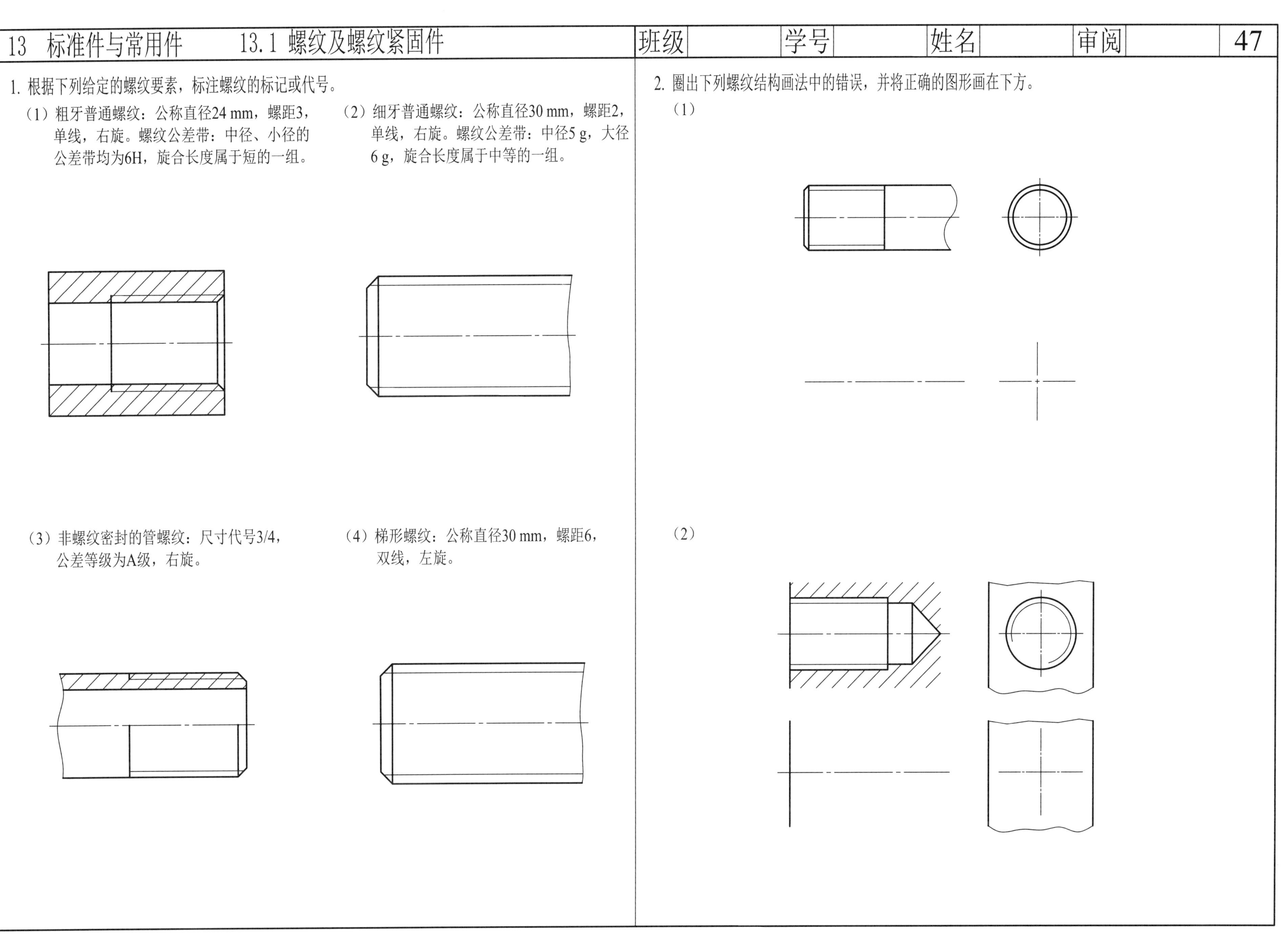

1. 根据下列给定的螺纹要素，标注螺纹的标记或代号。

（1）粗牙普通螺纹：公称直径24 mm，螺距3，单线，右旋。螺纹公差带：中径、小径的公差带均为6H，旋合长度属于短的一组。

（2）细牙普通螺纹：公称直径30 mm，螺距2，单线，右旋。螺纹公差带：中径5 g，大径6 g，旋合长度属于中等的一组。

（3）非螺纹密封的管螺纹：尺寸代号3/4，公差等级为A级，右旋。

（4）梯形螺纹：公称直径30 mm，螺距6，双线，左旋。

2. 圈出下列螺纹结构画法中的错误，并将正确的图形画在下方。

（1）

（2）

3. 圈出下列内外螺纹连接图中的错误，并将正确的图形画在下面。

（1）

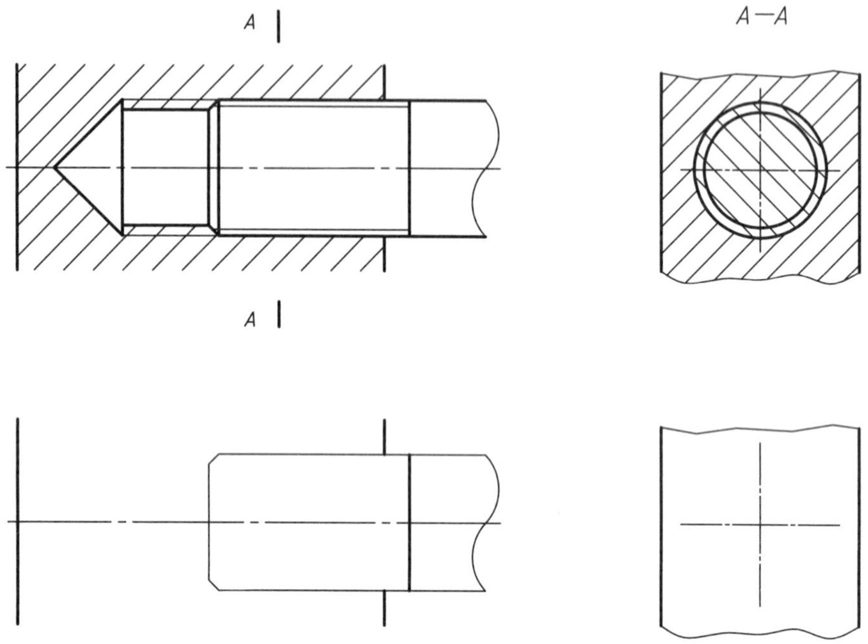

A | A—A | A

（2）

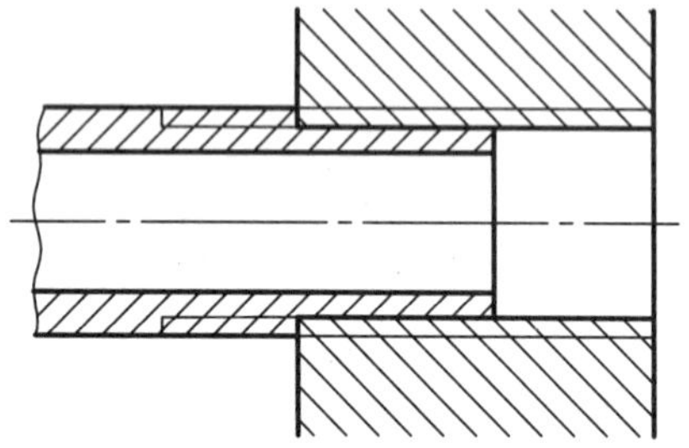

4. 查表填写下列各螺纹紧固件的指定尺寸。

（1）六角头螺栓：螺栓 GB/T 5782—2000 M16×70。

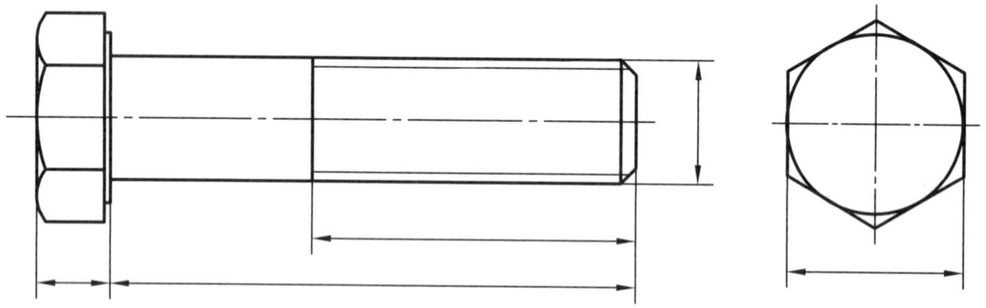

（2）开槽沉头螺钉：螺钉 GB/T 68—2000 M10×50。

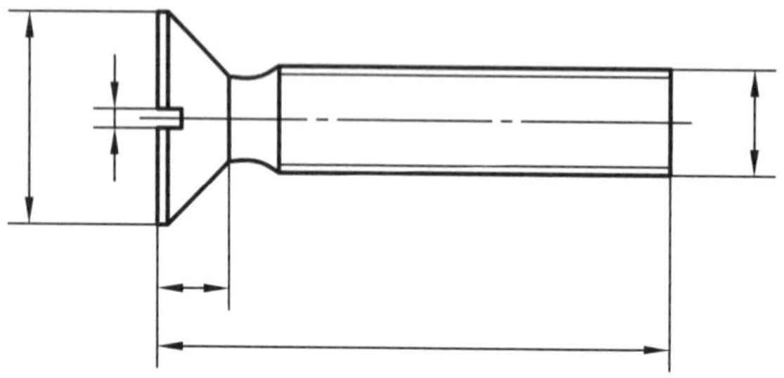

（3）I型六角螺母：螺母 GB/T 6170—2000 M16。

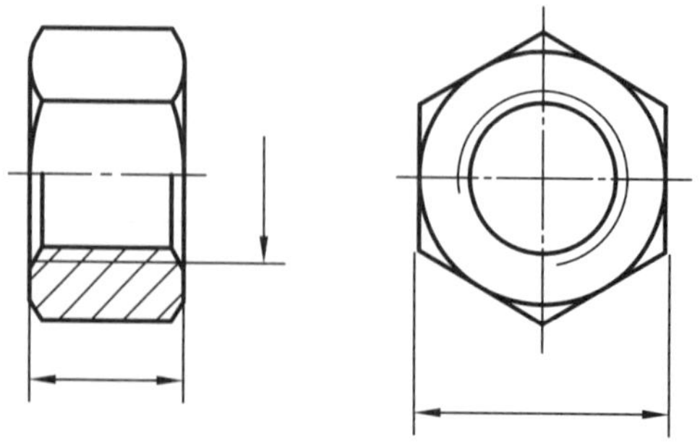

5. 圈出下列螺纹连接图中的错误，并将正确的图形画在右侧指定位置。

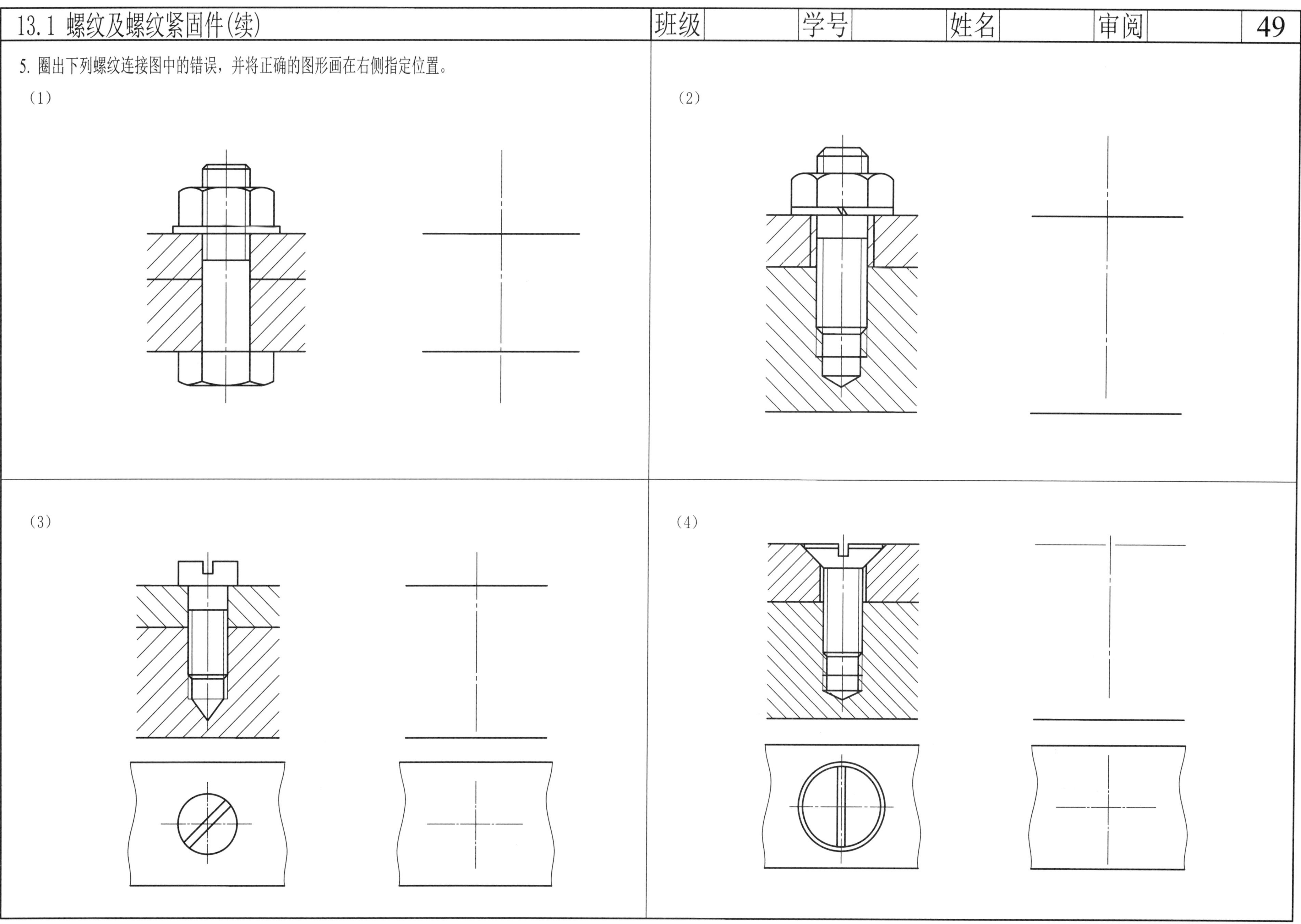

1. 已知直齿圆柱齿轮模数m=3，齿数z=23，补画完成齿轮的主视图（全剖）、左视图，并标注尺寸。

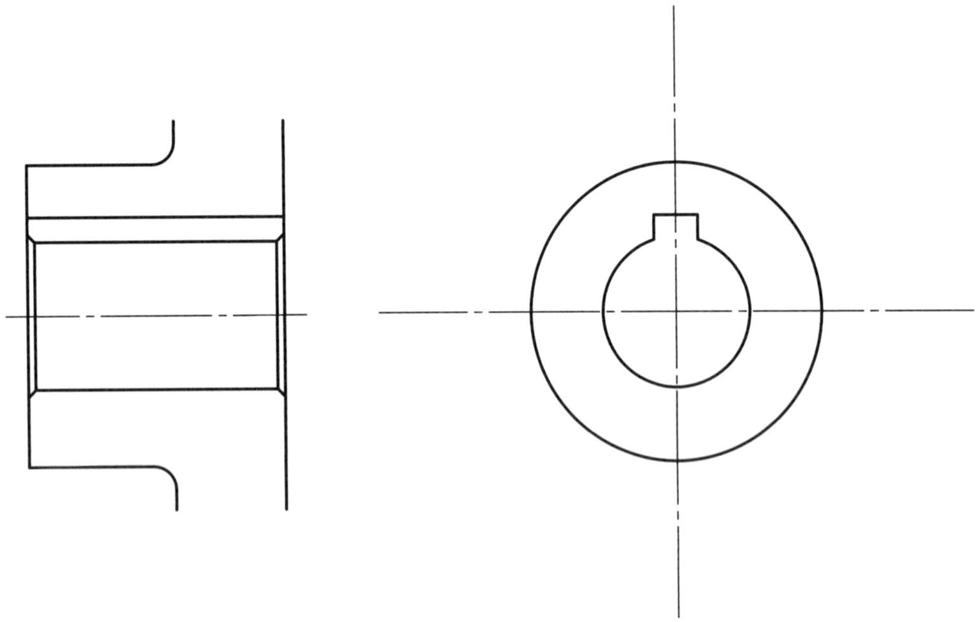

2. 已知直齿圆锥齿轮模数m=3，齿数z=23，分度圆锥角δ=45°，画出齿轮的主视图（全剖）、左视图，并标注尺寸。

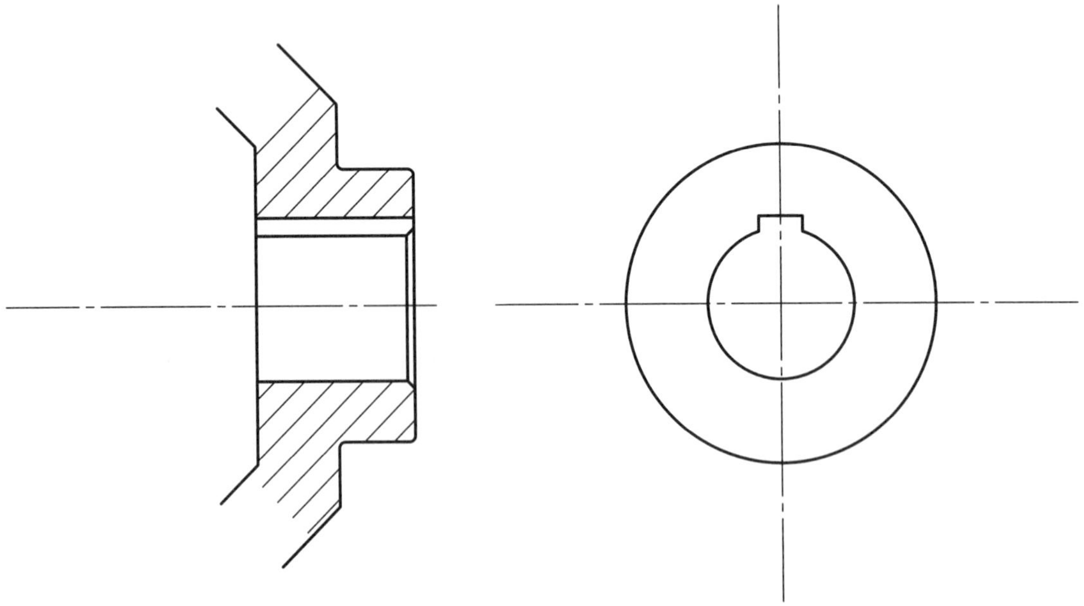

3. 已知大齿轮的齿数z_1=24，两齿轮的模数m=3，中心距A=63。补画完成两平板圆柱齿轮的啮合图，其中主视图采用全剖视。另外，计算小齿轮参数，填入下列表格中。

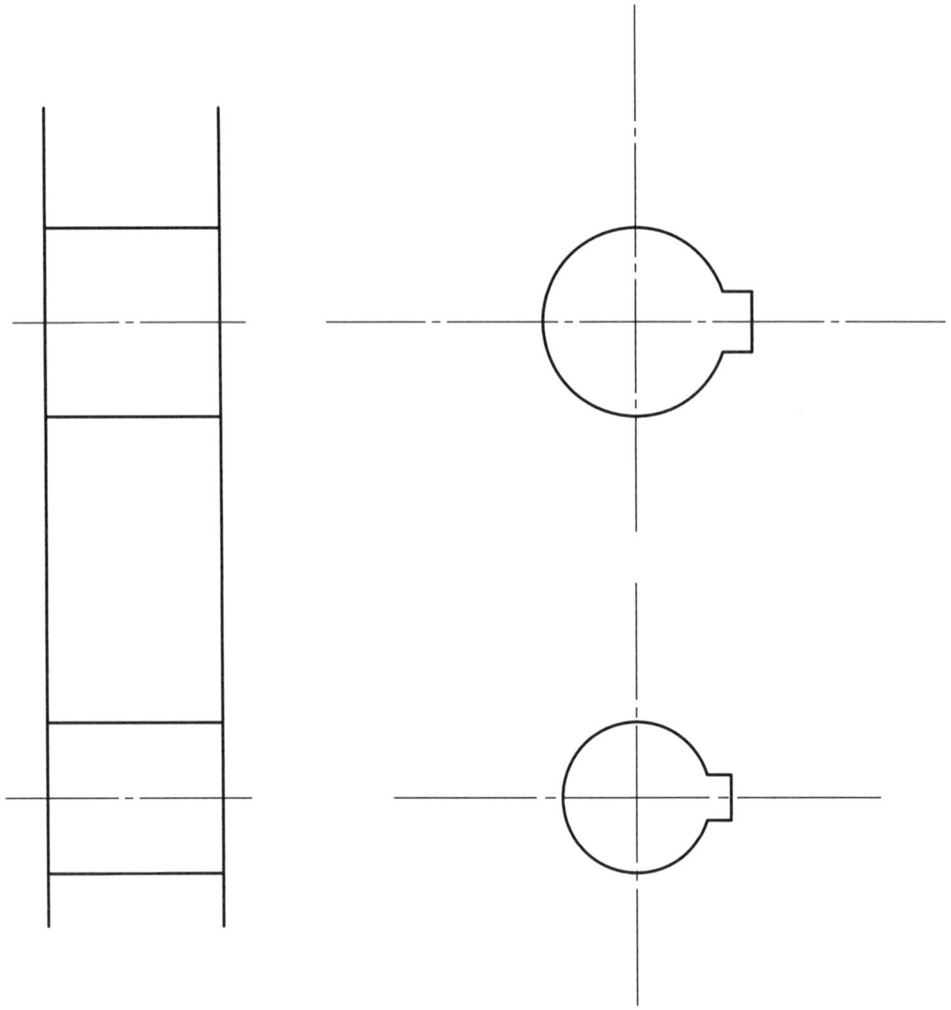

小齿轮参数

模数	齿数	分度圆直径	齿顶圆直径	齿根圆直径	齿距

13.3 键和销

班级　　学号　　姓名　　审阅

1. 用A型普通平键连接下图所示的轴和孔零件，轴孔的直径ϕ20 mm。查表确定键的尺寸和标记，同时根据键槽尺寸完成轴和孔零件的视图，并标注键槽尺寸（键长22 mm）。

（1）轴

（2）孔

（3）键连接

键的规定标记：________________

2. 直径为ϕ6的A型圆锥销连接，选择适当的长度并画出装配图，写出销的规定标记。

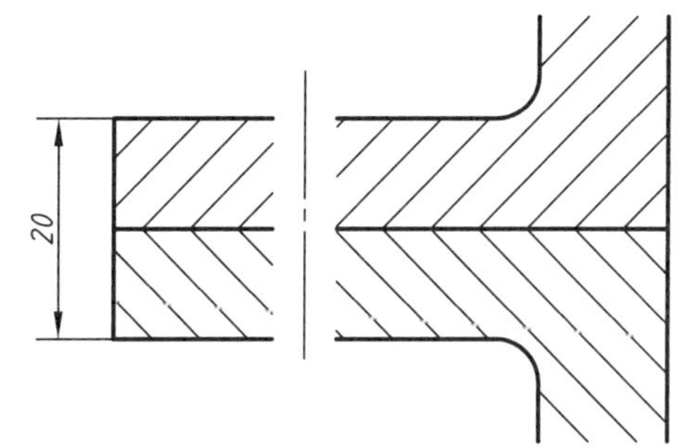

销的规定标记：________________

3. 直径为ϕ8的A型圆柱销连接，选择适当的长度并画出装配图，写出销的规定标记。

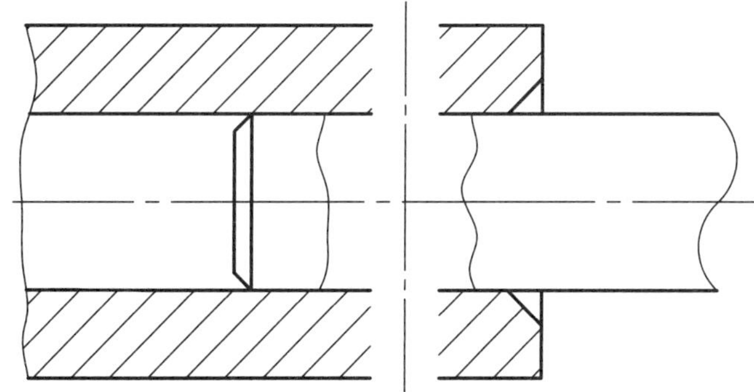

销的规定标记：________________

第四次制图作业指导——螺纹连接作业指导

一、作业目的

1. 学习螺纹的基本知识，了解螺纹连接的构造类型及用途。
2. 学习螺纹连接的规定画法、规定标记及标准的查阅方法。

二、作业内容

1. 图名：螺纹连接。
2. 图幅：A3图纸。
3. 图号：04-00。
4. 比例：螺栓连接和螺柱连接按1∶1画，螺钉连接按2∶1画。
5. 材料：HT150。

三、作业要求

1. 按给定条件计算螺栓、螺柱、螺钉的计算长度，再查表选取公称长度。
2. 采用比例画法，绘制所有的螺纹紧固件。

四、作业指导

1. 首先计算螺栓、螺柱、螺钉的需用长度，再查标准表格选取相近的标准值，并据此画图。
2. 螺纹紧固件根据螺纹公称直径采用比例画法直接画出，参考教材说明。
3. 画底稿时先画出螺栓、螺柱、螺钉的轴线，合理布局各个视图，逐一画出各连接件视图。
4. 同一视图中相邻被连接件的剖面线方向应相反，同一被连接件在不同视图上的剖面线应一致。
5. 在主视图上作全剖时，剖切面沿螺纹紧固件的轴线方向，所有紧固件按不剖处理。

1. 已知螺栓 GB/T 5780－2000 M20×L、垫圈 GB/T 97.1 20、螺母 GB/T6170－2000 M20，板厚 $t_1=t_2=30$。用近似画法作出螺栓连接的三视图（主视图全剖，俯、左视图画外形），并在右下角写出规定标记。

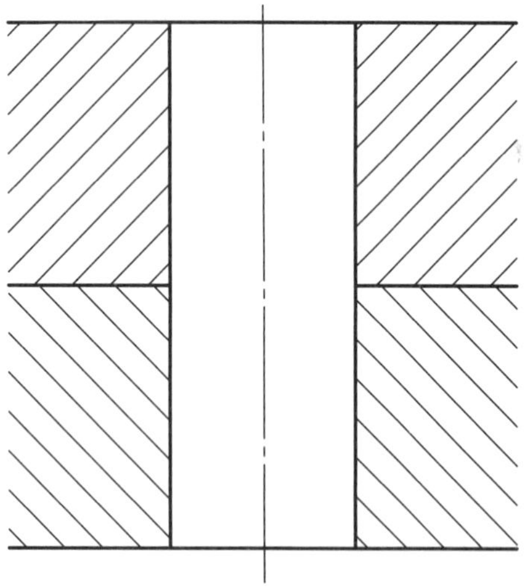

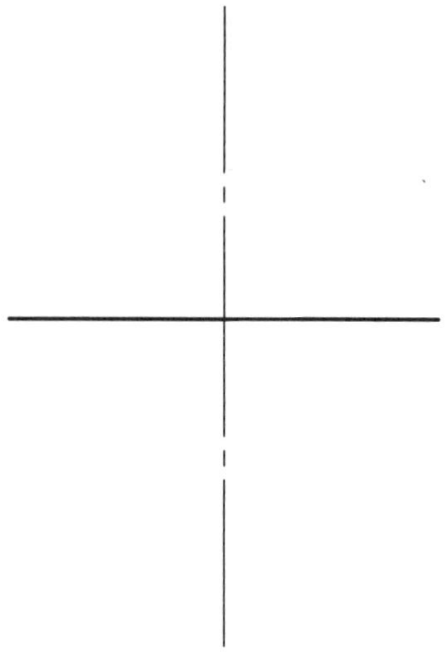

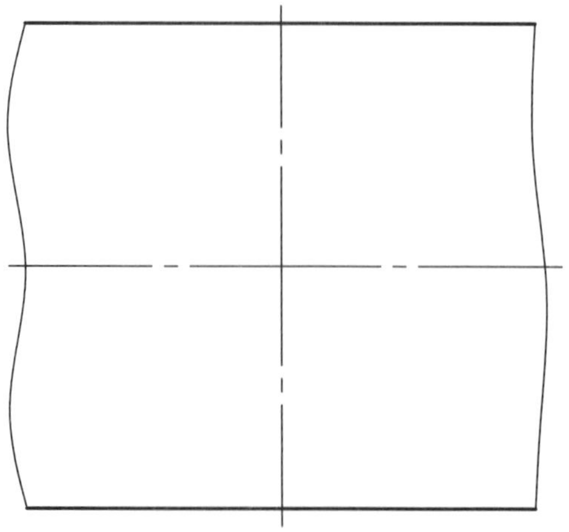

规定标记：

螺栓：__________

螺母：__________

垫圈：__________

2. 已知螺柱 GB/T 898 M20×L，螺母 GB/T 6170 M20，垫圈 GB/T 93 20，上面钢板的厚度t_1=22，下面铸铁基座厚度t_2=55，用近似画法作出连接后的全剖主视图和俯视图。

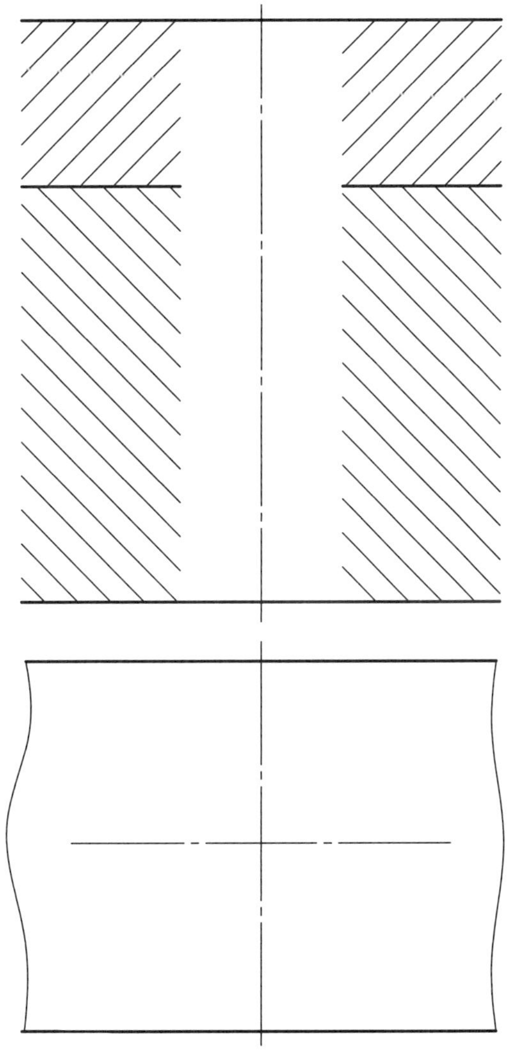

规定标记：

螺柱：____________

螺母：____________

垫圈：____________

3. 已知螺钉 GB/T 68 M10×L，板厚t_1=10，铸铁底座t_2=30。用近似画法作出连接后的全剖主视图和俯视图（用2∶1比例）。

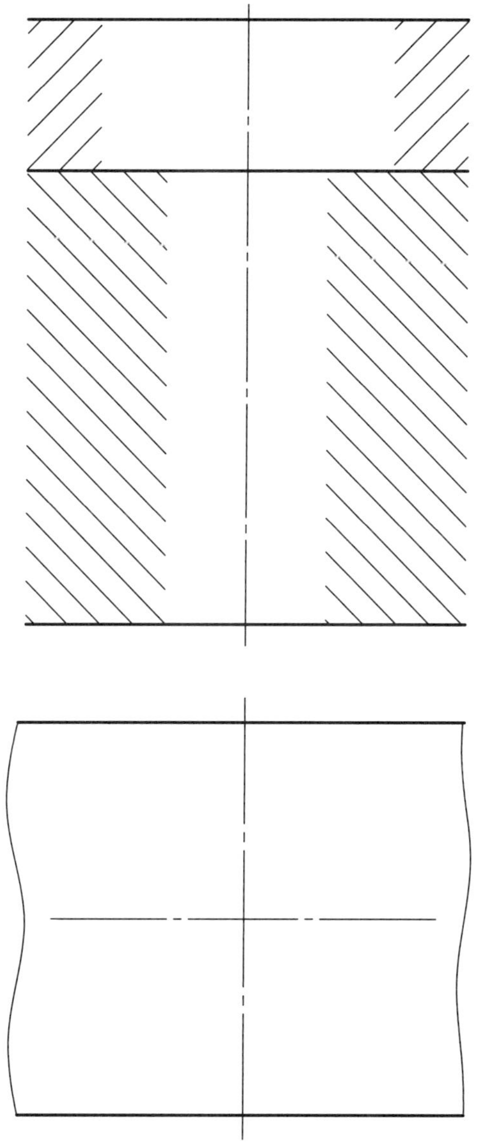

规定标记：

螺钉：____________

1. 根据支座的轴测图在左侧页面绘制其零件图（名称：支座；材料：HT150；图号：14-01）。

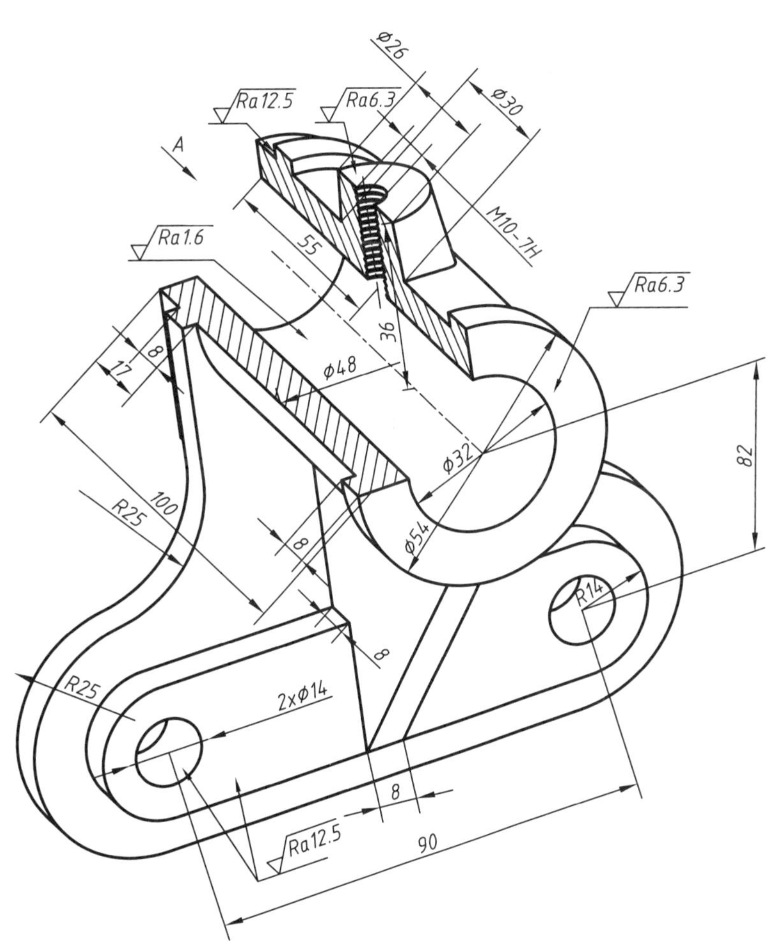

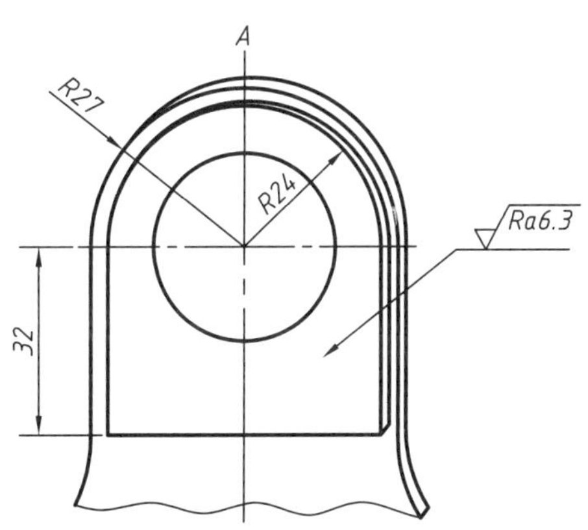

注：除了给出*Ra*值的表面外，其余为毛坯面，未注铸造圆角为*R*2。

2. 根据三通的轴测图在左侧页面绘制其零件图（名称：三通；材料：HT150；图号：14-02）。

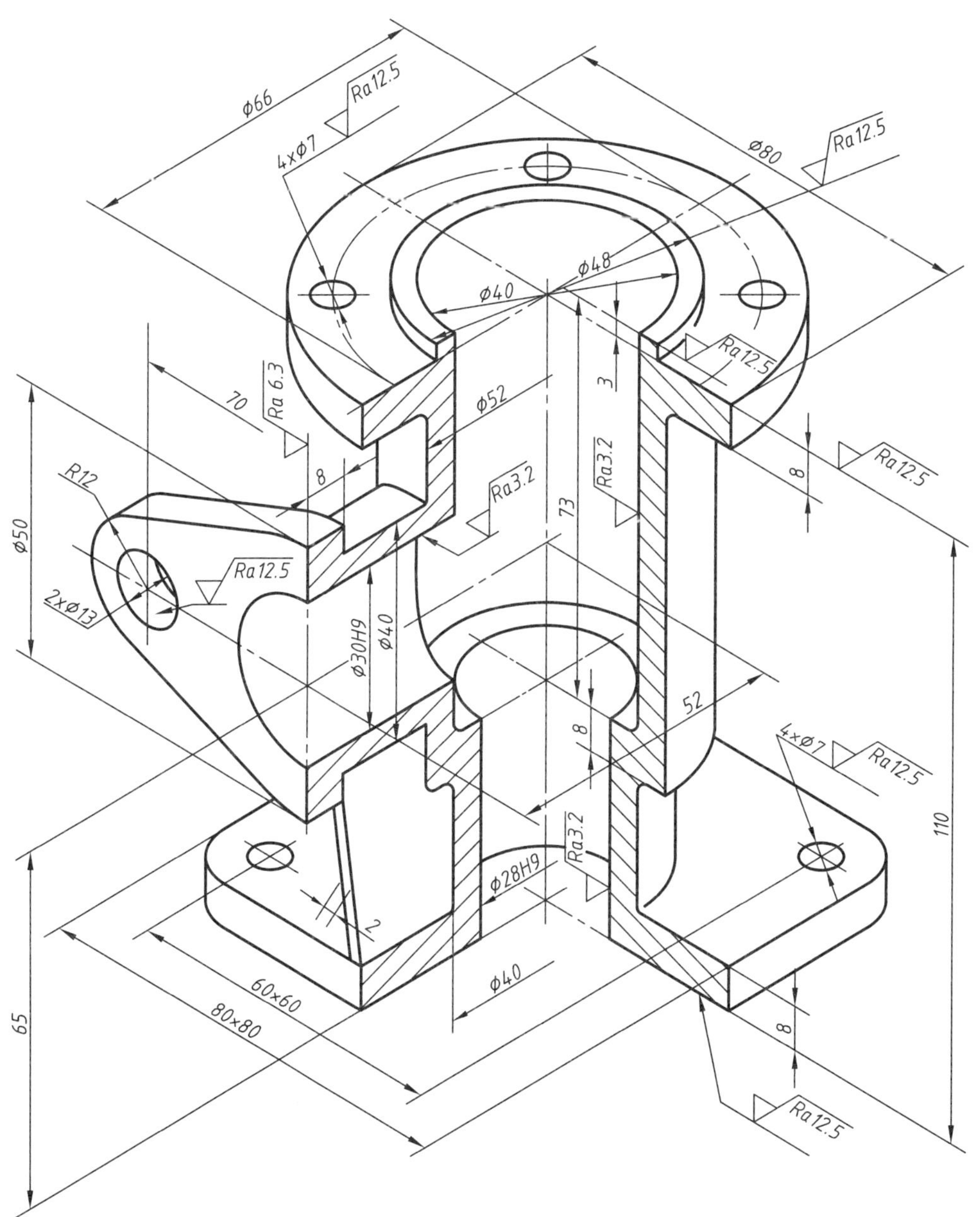

注：除了给出*Ra*值的表面外，其余为毛坯面，未注铸造圆角为*R*2。

第五次制图作业指导——零件图作业指导

一、作业目的

1. 学习零件草图和工作图的绘制方法和步骤。
2. 学习零件视图选择、尺寸标注和表面粗糙度代号的标注。

二、作业内容

1. 图名：支座(或三通)。
2. 图幅：A3图纸。
3. 图号：05-01。
4. 比例：1∶1。
5. 材料：HT150。
6. 在正确画出草图后，再在绘图纸上绘制零件工作图。

三、作业要求

1. 零件的表达必须完整、清晰、正确。
2. 尺寸标注要完全、合理、清晰，表面粗糙度标注正确、无遗漏。
3. 草图要内容完整，线型分明，线条、字体工整。

四、作业指导

1. 参见本书55、57页，分题由教师指定，认真分析零件结构和功用，多考虑几个视图方案。
2. 画草图时注意训练徒手目测画图，保持正确的比例关系。
3. 画工作图时应对草图方案进行审视、调整和优化。
4. 画图时应先画底稿，再进行描深。画图过程中要注意分形体按投影关系几个视图同时绘制。
5. 关注零件工艺结构的表达，铸造圆角、过渡线、倒角等均应画出。

1. 读零件图，回答下列问题，并画出$C—C$断面图。

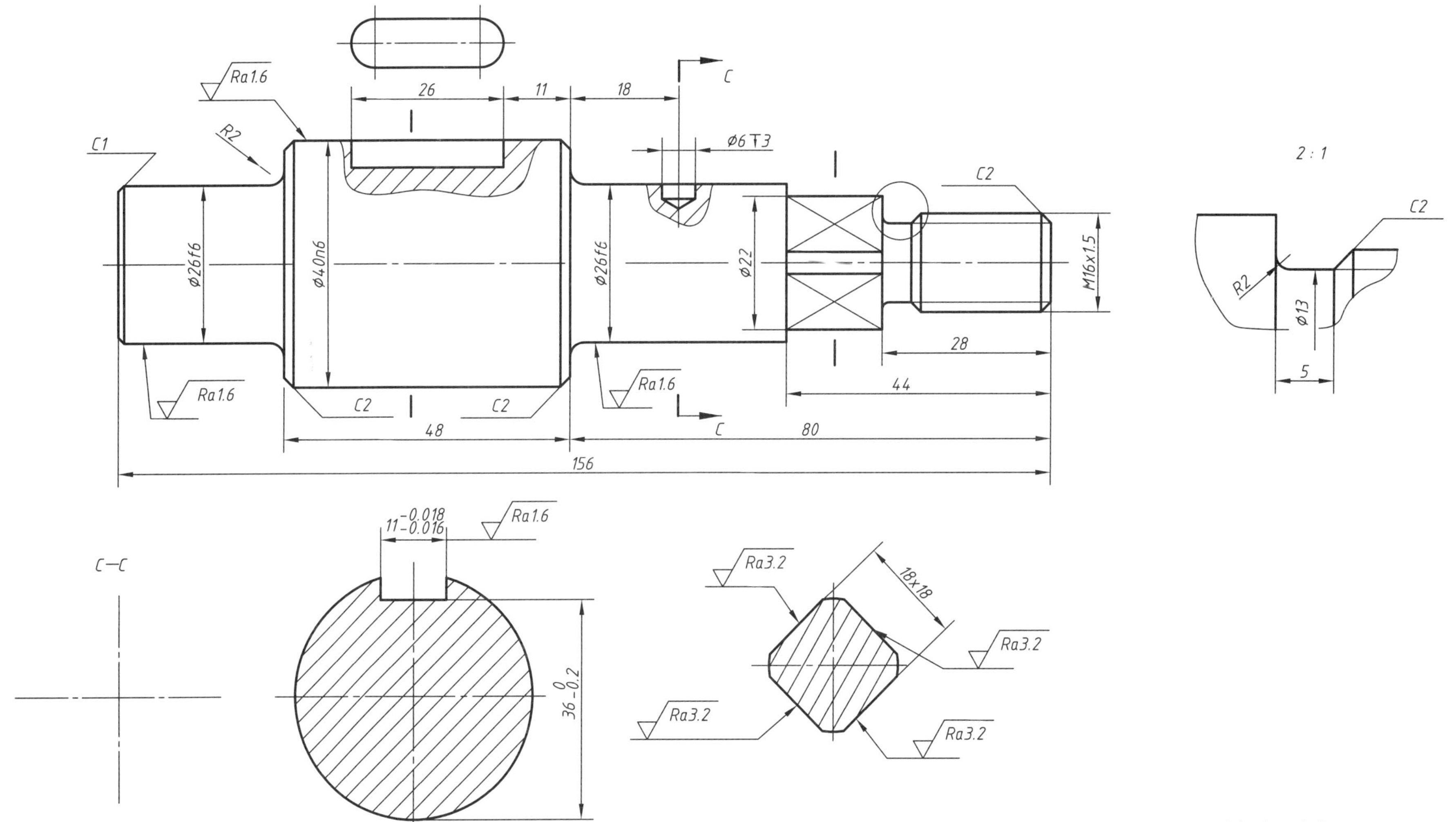

技术要求

1. 调质处理HB 241-269。
2. 未注圆角$R1$。

(1) 该零件采用的表达方法有 ________。

(2) 键槽的定位尺寸是________。

(3) ϕ26f6的上极限偏差是 ______，下极限偏差是 ________。

(4) 标题栏上方注出的“Ra6.3 (√)”的含义是 ________。

Ra6.3 (√)

输出轴			比例	1:1		
			件数			
设计			质量		材料	45
制图						
审核						

2. 读零件图，回答下列问题。

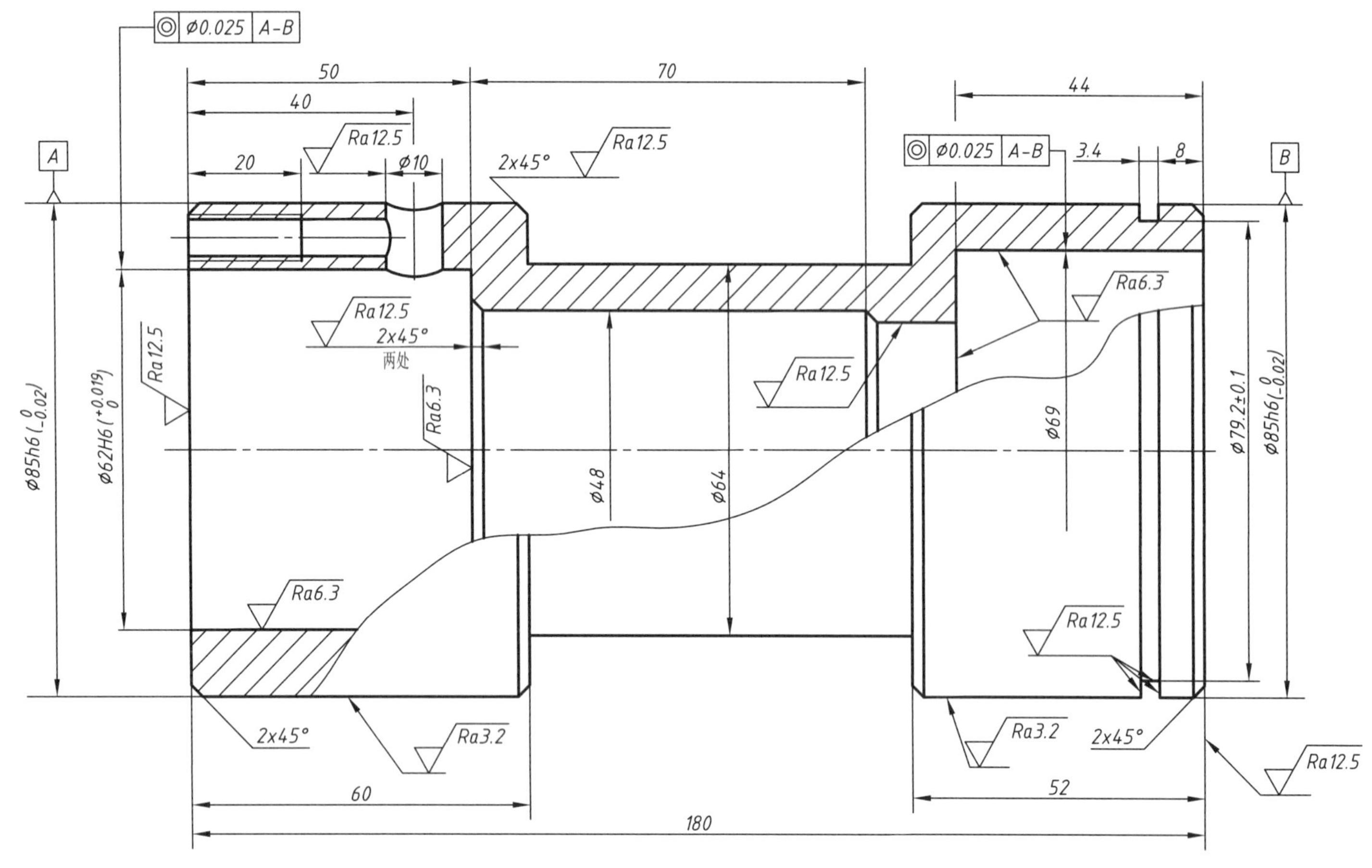

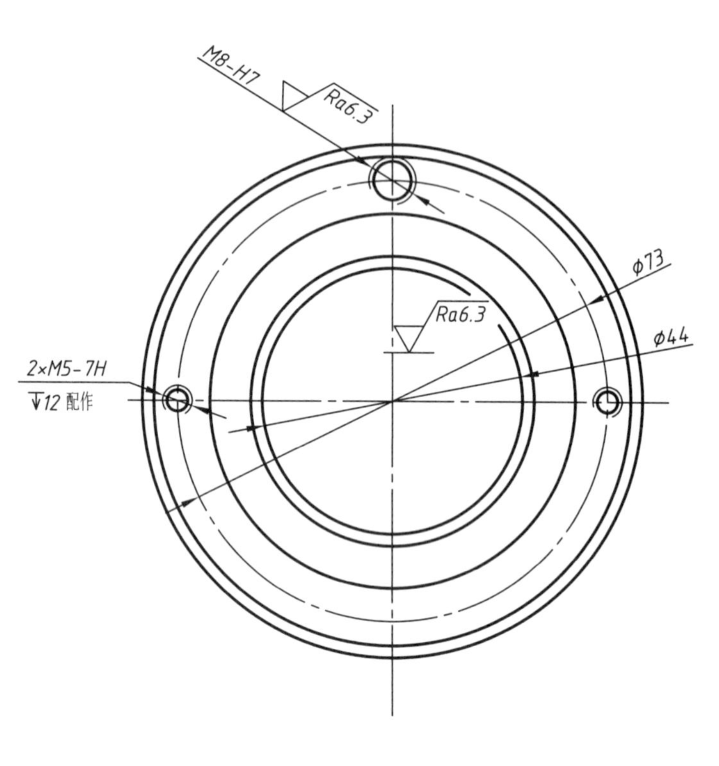

技术要求

1. 铸件需进行回火处理。
2. 切削加工后，去除毛刺。
3. 未注尺寸公差按IT15级。

（1）主视图采用________剖视图。

（2）几何公差 ⊚ φ0.025 A-B 所表示的公差带为________。

（3）图中尺寸 φ79.2±0.1 的公差范围是________。

（4）表面粗糙度 Ra3.2 处的表面形状为________。

√(√)

变速箱连接套			比例	1:1		
			件数			
设计			质量		材料	HT250
制图						
审核						

3. 读零件图，回答下列问题，并画出C向视图（仅画外形）。

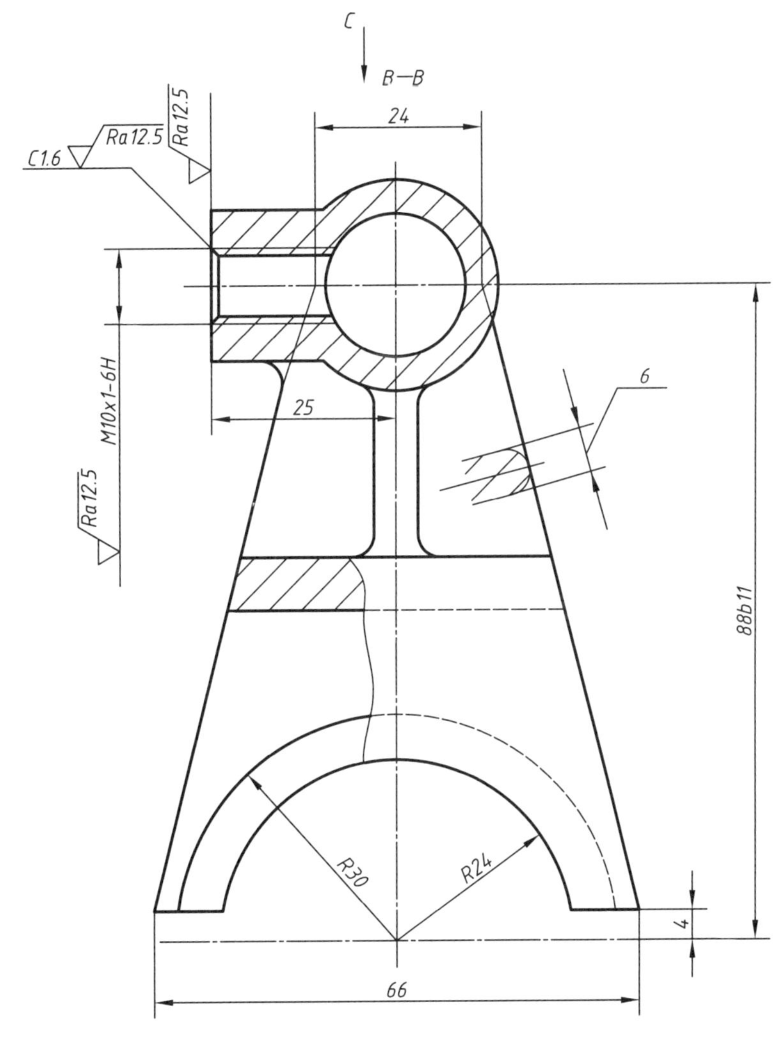

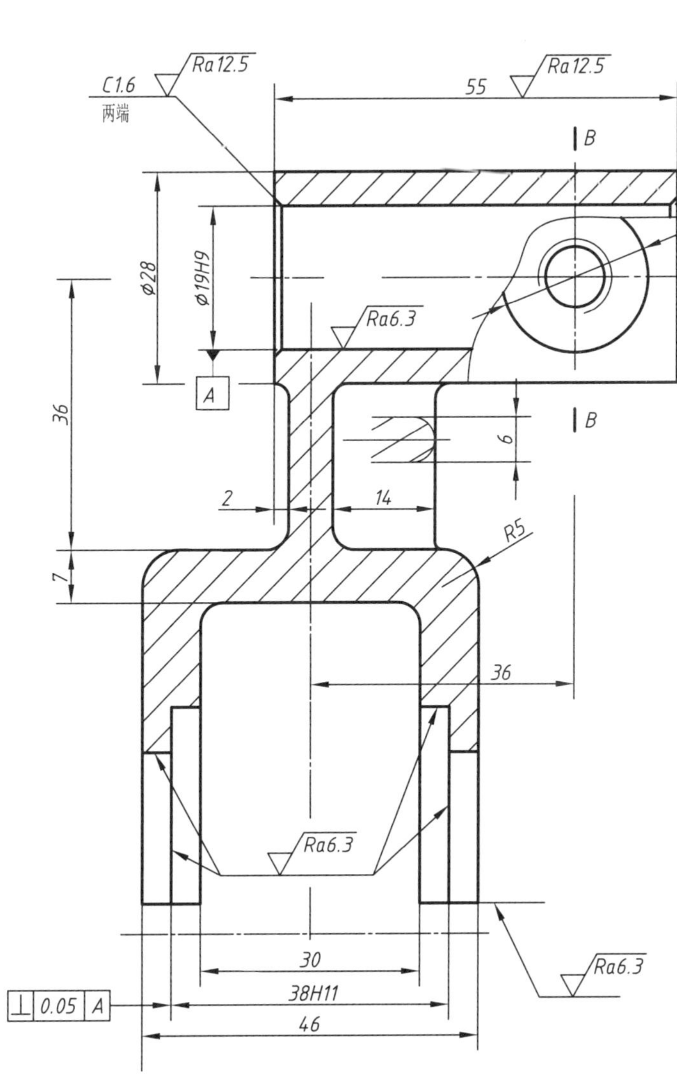

技术要求

1. 除了给出*Ra*值的表面外，其余为毛坯面，未注铸造圆角为*R*3。
2. 铸件不得有气孔、裂纹等缺陷。
3. 铸件退火处理，消除内应力。

(1) 38H11表示基本尺寸是__________，公差代号是______________。

(2) M10×1-6H标注代表____________螺纹，螺距是______________mm。

(3) ϕ20圆柱的定位尺寸是__________、____________、____________。

(4) 几何公差标注 ⊥ 0.05 A ，其含义是____________________________。

√(√)

拨 叉			比例	1:1		
			件数			
设计			质量		材料	HT150
制图						
审核						

说　明

1. 千斤顶的作用

千斤顶是一种常用的手动起重和顶压工具，主要用在汽车修理和机械设备安装过程中。其装配示意图如图14.1所示。

2. 千斤顶的工作原理

千斤顶是利用螺旋传动来顶举重物的。工作时，绞杠穿在螺旋杆顶部的孔中，转动绞杠，螺旋杆在螺旋套中靠螺纹上下移动，使顶垫上的重物靠螺旋杆的上升而顶起。螺套装在底座里，用螺钉定位，磨损后便于更换维修。螺旋杆的球面形顶部套一个顶垫，利用螺钉与螺旋杆连接，但不拧紧，使顶垫不与螺旋杆一起旋转且可防止顶垫脱落。

序号	名称	数量	材料	备注
1	底　座	1	HT200	
2	螺　套	1	ZCuAL10Fe3	
3	螺 旋 杆	1	Q235	
4	螺钉M10x12	1	Q235	GB/T 73—1985
5	绞　杠	1	Q235	
6	螺钉M8x12	1	Q235	GB/T 75—1985
7	顶　垫	1	Q275	

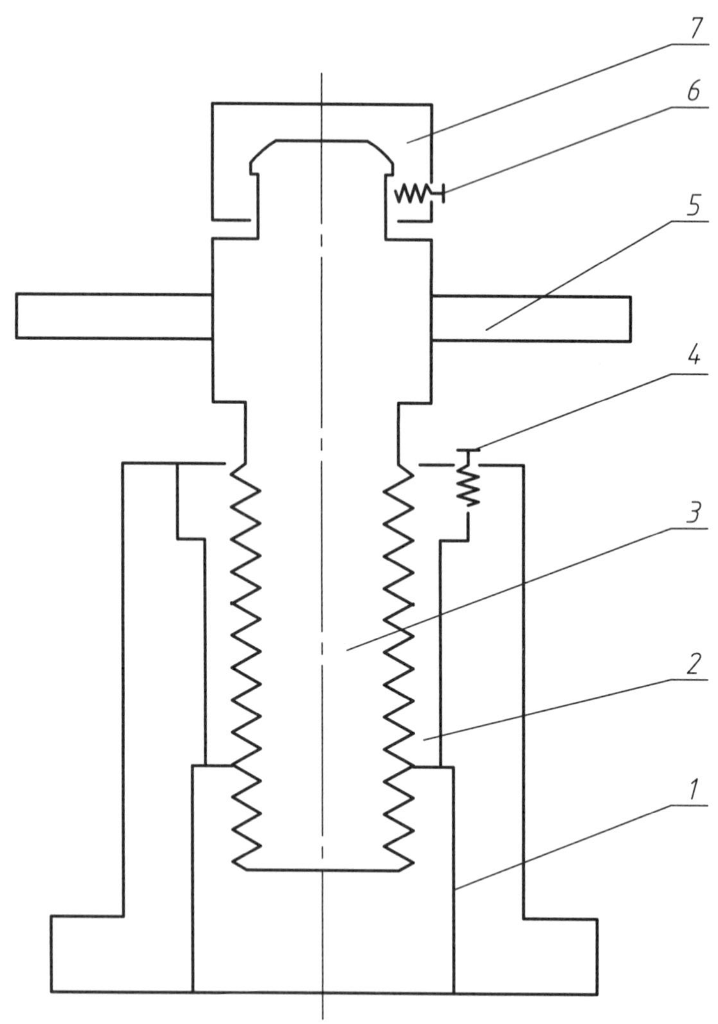

图14.1 千斤顶装配示意图

14.3 装配图——画千斤顶装配图（续）

班级		学号		姓名		审阅		63

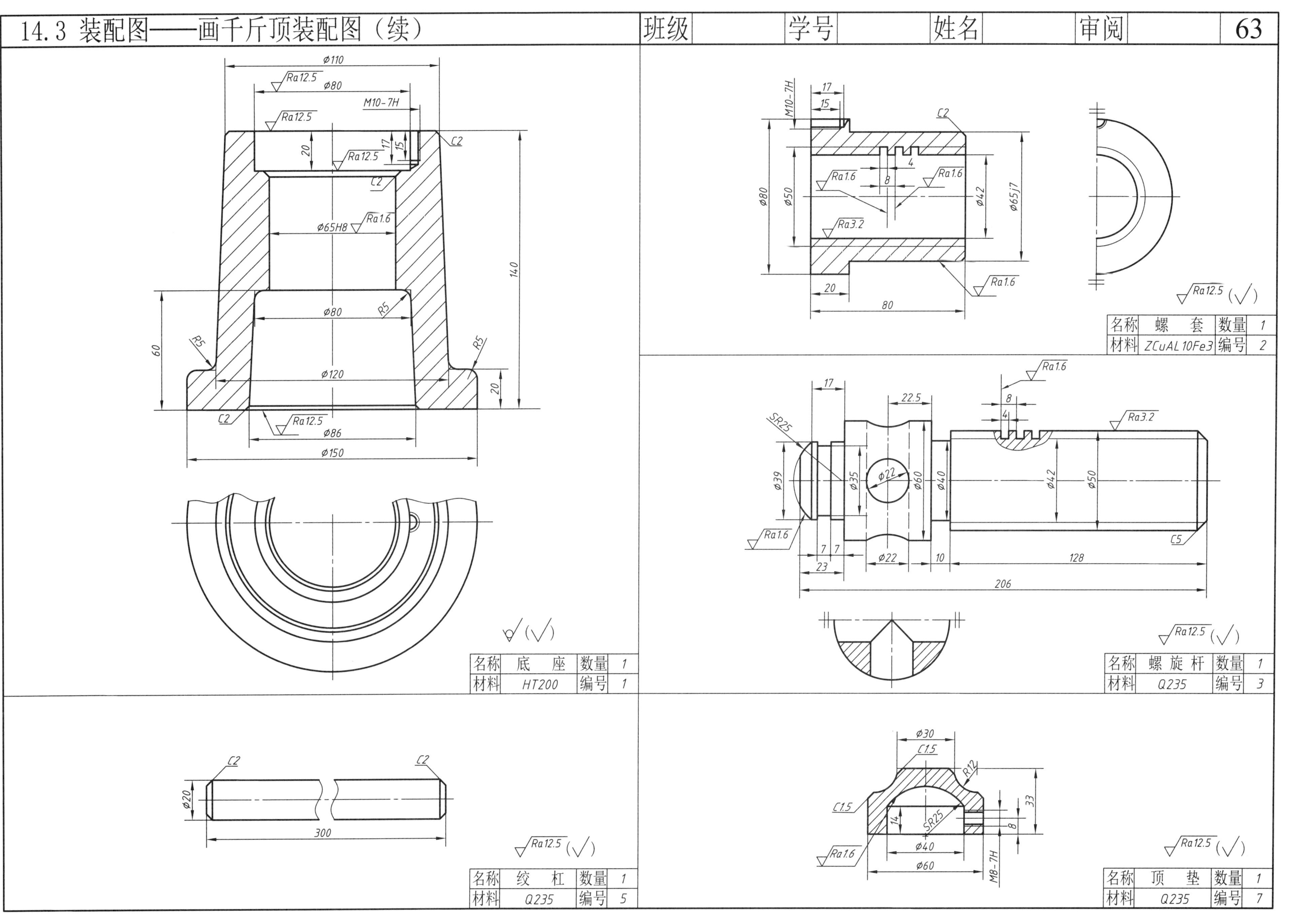

说　明

转子泵是一种定量叶片泵，其装配示意图如图14.2所示。泵体1两侧的管螺纹孔（见泵体零件图）与油管相连，分别为进油口与出油口。哪个口进油，哪个口出油，随转子3的旋转方向而定。

泵体1与转子3之间由于偏心而形成一个新月形空腔，如图14.3所示。当电动机通过带轮12带动轴8旋转时，位于转子槽中的叶片4由于离心力作用，向外紧贴在衬套2的内壁上。叶片开始由新月形空腔的尖端转向中部时，两相邻叶片与衬套隔成的空间逐渐变大，完成吸油过程。转过中点后，这个空间又逐渐变小，完成压油过程，压力油从出油口压出。

泵盖14在螺纹一端装有填料9（石棉绳），通过压盖螺母10和填料压盖13将其压紧，以防止油沿轴渗出。

泵体1内装有衬套2，衬套磨损后可以更换。在泵体背面加工的两个M5的螺纹孔，为更换衬套时用。

序号	名称	数量	材料	备注
1	泵体	1	HT150	
2	衬套	1	20	
3	转子	1	Q235	
4	叶片	4	45	
5	垫片	1	工业用纸	
6	螺钉	1	35	GB/T 65 M6x14
7	销	1	35	GB/T 119.1 4x40
8	轴	1	45	
9	填料	1	石棉绳	
10	压盖螺母	1	Q235	
11	螺钉	1	35	GB/T 75 M8 x25
12	带轮	1	HT150	
13	填料压盖	1	Q235	
14	泵盖	1	HT150	

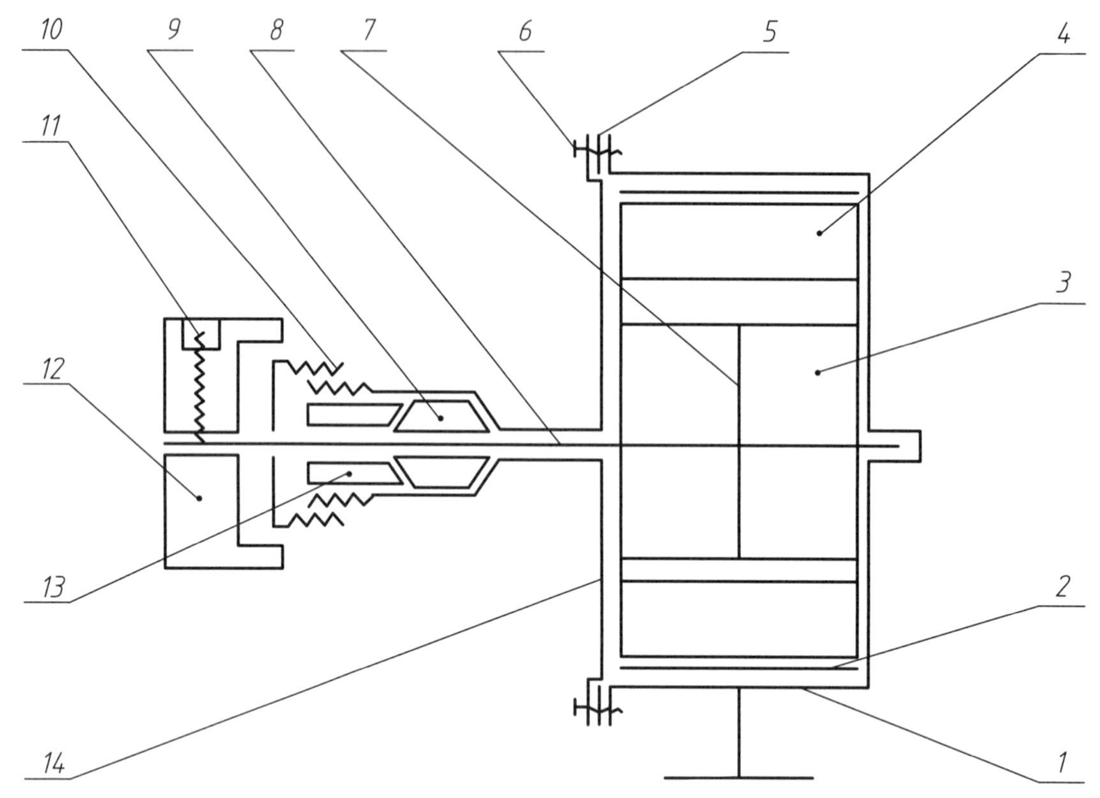

图14.2 转子泵装配示意图

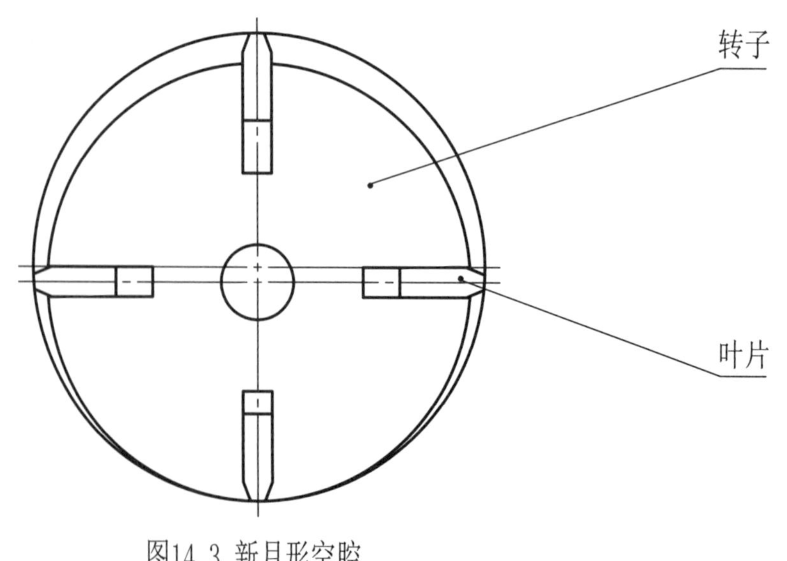

图14.3 新月形空腔

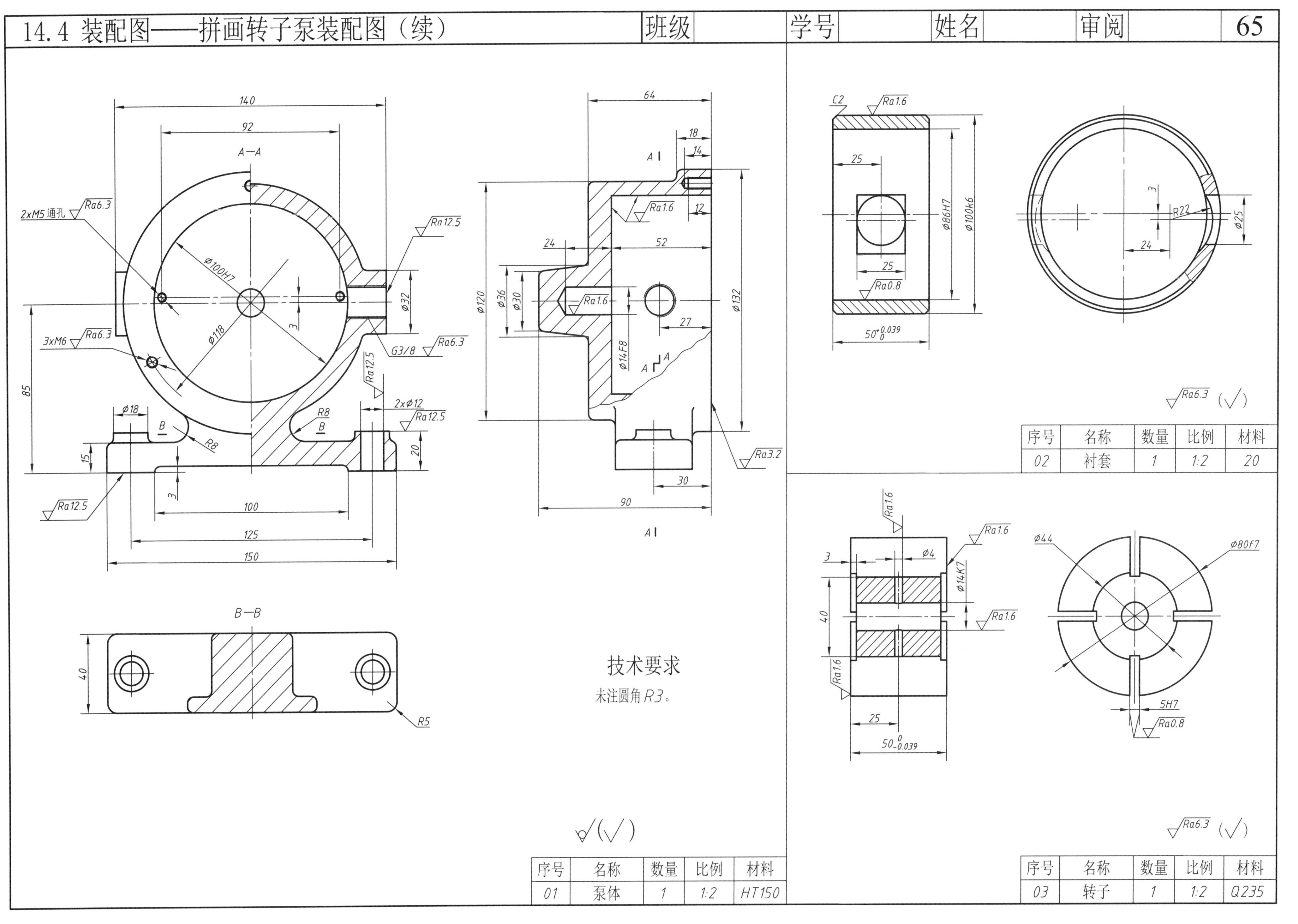

技术要求

未注圆角R3。

序号	名称	数量	比例	材料
01	泵体	1	1:2	HT150

序号	名称	数量	比例	材料
02	衬套	1	1:2	20

序号	名称	数量	比例	材料
03	转子	1	1:2	Q235

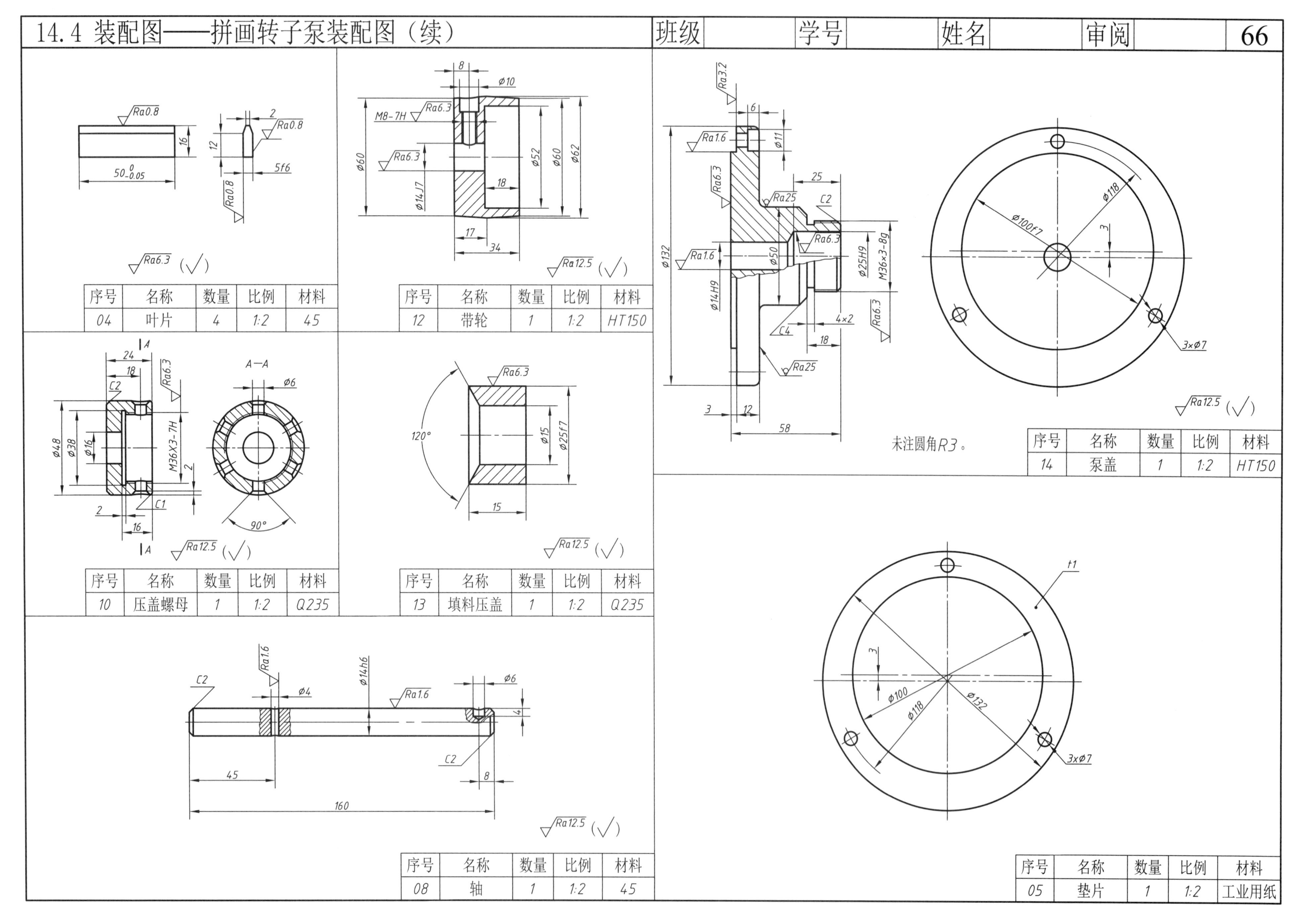

序号	名称	数量	比例	材料
04	叶片	4	1:2	45

序号	名称	数量	比例	材料
12	带轮	1	1:2	HT150

序号	名称	数量	比例	材料
14	泵盖	1	1:2	HT150

序号	名称	数量	比例	材料
10	压盖螺母	1	1:2	Q235

序号	名称	数量	比例	材料
13	填料压盖	1	1:2	Q235

序号	名称	数量	比例	材料
08	轴	1	1:2	45

序号	名称	数量	比例	材料
05	垫片	1	1:2	工业用纸